Psicologia e esporte na atualidade

REFLEXÕES NECESSÁRIAS

Psicologia e esporte na atualidade

REFLEXÕES NECESSÁRIAS

ORGANIZAÇÃO
Clarice Medeiros
Adriana Lacerda

editora PASAVENTO

Editores
Marcelo Nocelli

Revisão
Marcelo Nocelli
Natalia Souza

Imagem de capa
Gabriela Nocelli

Design e editoração eletrônica
Negrito Produção Editorial

Dados Internacionais de Catalogação na Publicação (CIP)
Bibliotecária Juliana Farias Motta (CRB 7-5880)

Psicologia e esporte na atualidade: reflexões necessárias / Organização Clarice Medeiros, Adriana Lacerda. - São Paulo: Pasavento, 2017.
200 p. : il. ; 16x23 cm.
Vários autores

ISBN 978-85-68222-23-2

1. Esportes - Aspectos psicológicos. I. Lacerda, Adriana. II. Título. III. Título: reflexões necessárias.
P974 CDD 796.01

Índice para catálogo sistemático:
1. Esportes - Aspectos psicológicos

EDITORA PASAVENTO
www.pasavento.com.br

Sumário

Apresentação

Clarice Medeiros • Adriana Lacerda

O campo da Psicologia do Esporte não é novo — os trabalhos precursores datam do final do século XIX e do início do século XX. Desde então, avanços ocorreram, e a Psicologia do Esporte passou a compor as Ciências Esportivas e a emergir como uma das áreas de suma importância para a performance desportiva. Trabalhar com esporte implica atuar em parceria com os demais campos do saber, como Educação Física, Nutrição, Fisioterapia e Medicina. O esporte em si é um convite à multi e à interdisciplinaridade. Afinal, não se trata de conceber o sujeito ou o grupo atuante somente como um atleta ou uma equipe, mas principalmente compreendê-lo em uma esfera que abrange toda a sua singularidade e sua complexidade, inclusive o contexto social no qual se insere.

No Brasil, a Psicologia do Esporte teve início em 1958, quando João Carvalhaes acompanhou a Seleção Brasileira de futebol na caminhada ao título mundial conquistado na Suécia. Desde então, progressos e retrocessos podem ser destacados. A ampliação das áreas de atuação do profissional, que hoje não se restringe somente ao esporte de alto rendimento, englobando praticantes de atividade física (esporte recreativo), de esporte educacional (norteado por princípios socioeducativos) e de reabilitação (voltado a atletas lesionados e a pessoas com necessidades especiais), já é um avanço em direção ao desenvolvimento. Ainda assim, há dificuldades para consolidar a área. Os motivos são diversos: profissionais não habilitados atuando como psicólogos ou trabalhando com funções que são do psicólogo; falta de interesse de entidades esportivas em ter um profissional efetivamente trabalhando com os atletas; desconhecimento do trabalho do psicólogo esportivo; falta de inserção da disciplina Psicologia do Esporte nas universidades.

Recentemente, a realização da Copa do Mundo e das Olimpíadas no Brasil abarcou, em âmbitos diferenciados, a área de Psicologia. Na Copa, a questão emocional ficou evidenciada após a derrota para a Alemanha. Nas Olimpíadas, o fato de sermos o país-sede fez com que o Comitê Olímpico Brasileiro criasse um grupo de trabalho de preparação mental para atletas, técnicos e confederações participantes. A iniciativa reuniu, pela primeira vez, um grande número de psicólogos brasileiros em um grande evento esportivo.

Apesar das raízes antigas, a Psicologia do Esporte encontra um grande percurso pela frente. Sua solidificação depende da criação e da ampliação de espaços de discussão de aspectos inerentes à área. A atividade física em geral, incluindo o esporte, seja ele de alto nível, de lazer ou educacional, por ser objeto de constante mutações e renovações, convoca o profissional a sempre se atualizar, buscando novas fontes de informação e acompanhando o desenvolvimento da prática e da teoria. É necessária, portanto, uma reflexão sobre aquilo que o profissional encontra na prática. Este livro se propõe justamente a ajudar esse processo, aliando o fazer a uma produção teórica que, apesar de consistente, ainda se mostra incipiente.

Para tanto, reunimos profissionais que, seja na academia, seja em quadras, campos, arenas e ginásios, lidam com as questões mais importantes da Psicologia do Esporte contemporânea.

Esperamos assim que o leitor, seja ele psicólogo, estudante ou profissional de áreas afins, que só tem a lucrar com o diálogo com esta disciplina, encontre um solo fértil para refletir sobre a complexidade do fenômeno esportivo e dos sujeitos neles inseridos.

Introdução

Paulo Ribeiro

Ao escrever esta introdução, uma mistura de pensamentos me fizeram mergulhar em algumas lembranças da década de 1980, quando iniciei minha trajetória na Psicologia do Esporte. Precisei de firmeza para seguir nesse caminho de tantas dificuldades. No futebol, esporte no qual militei por 25 anos consecutivos, havia primeiro desconhecimento e, depois, descrença sobre uma Psicologia que, para nós, nem era do esporte.

A Psicologia do Esporte começou a fazer sentido para os membros das comissões técnicas da modalidade mais popular do país, o futebol. Naquela altura, elas já eram formadas por diversos profissionais, como médicos, preparadores físicos, nutricionistas, assistentes sociais, preparadores de goleiros, fisioterapeutas, massagistas e roupeiros. A Psicologia, então, precisava conversar com outras áreas do conhecimento e trocar informações sobre os atletas, a fim de obter melhores resultados pessoais e de grupo — o que se mostrou correto e gerou ganhos de performance.

Já tinha ouvido falar de João Carvalhaes, especialista em psicometria que, ao introduzir o psicólogo em uma equipe esportiva no país, desenvolveu um belo trabalho na seleção brasileira de futebol campeã mundial de 1958. No fim da década de 1970, a América Latina tentava formar uma organização de classe dessa área ainda tão desconhecida. Em 1979, surge a Sociedade Brasileira de Psicologia do Esporte, da Atividade Física e da Recreação (Sobrape) e, em 1986, a Sociedade Sul-Americana de Psicologia do Esporte. No entanto, sabemos que a Psicologia do Esporte não se encerra na performance da atividade física e na execução de um movimento perfeito. Pertence a um fenômeno muito maior, o fenômeno esportivo. Nele estão contemplados tanto a função de um psicólogo do esporte quanto áreas que podem ser atingidas por sua prática: alto rendimento, esporte escolar, recreativo e de reabilitação. Portanto, a Psicologia do Esporte pode perpassar toda a dimensão esportiva, seja ela de alto rendimento ou não. Falar de Psicologia do Esporte é falar também de uma construção muito próspera de dois saberes, a Psicologia e o Esporte.

Há quase cem anos, a psicologia partiu dos estudos da fisiologia para se juntar a áreas mais tradicionais da dinâmica esportiva e hoje começa a fortalecer a importância da compreensão do comportamento emocional para a performance desportiva. Relativamente pouco tempo atrás, as faculdades de Psicologia não ofereciam disciplinas ligadas ao esporte. Quando isso começou a acontecer, o alvo eram os cursos de Educação Física. Não à toa, a Psicologia do Esporte no Brasil foi construída com base nos ensinamentos da Psicologia Geral e da Educação Física. Para se ter uma ideia, somente em 2002 o Conselho Federal de Psicologia reconhece a Psicologia do Esporte como especialidade da Psicologia Geral. Isto aconteceu muito em função de trabalhos que aumentaram a visibilidade desse campo. Entre eles, não posso deixar de mencionar e agradecer ao Clube de Regatas Vasco da Gama e ao Clube de Regatas do Flamengo, que na década de 80 acolheram psicólogos do esporte em seus departamentos de futebol, prática mantida até hoje e em todas as categorias.

Atualmente, procuro identificar os processos psicológicos ligados ao esporte como comportamento emocional. Explico: esse comportamento, ainda pouco entendido, porém reconhecido, se faz presente em todos os momentos e ações do ser esportivo, mas parece ocupar lugar especial quando algo não vai bem. Daí, surgem frases famosas, como "o lado psicológico afetou o atleta", como se esse lado fosse uma instância isolada de sua vida. Valências como motivação, atenção, concentração, liderança e personalidade ocupam cada vez mais espaço no treinamento do atleta de alto rendimento. Porém, ainda lutamos contra um forte preconceito sobre o que é psicológico, muito por culpa de uma leitura menor, no sentido de valor, que se faz do mental, como se um atleta tivesse a mente localizada num outro lugar que não em seu corpo físico. Isso ocorre pelo fato de a psicologia, por vezes, ainda ser balizada pelas patologias e não pela promoção da saúde, como já contemplada, por exemplo, pela Psicologia Positiva. Lembro nesse momento de Ludwig Bertalanfy e sua Teoria Geral dos Sistemas, matéria que deveria ser lembrada em todos os semestres de todas as universidades e de todos os cursos. Definitivamente, as pessoas precisam entender que os organismos são uma orquestra e que o todo é maior que a soma das partes e que neles estão o princípio, o meio e o fim de todas as ações humanas.

O autoconhecimento pelo atleta, nesse caso, é condição *sine qua non* para seu bem-estar físico e mental e, arrisco a dizer, é essa a finalidade do trabalho de um psicólogo do esporte — promover o autoconhecimento e o empoderamento dos atletas com as habilidades necessárias à sua prática esportiva.

Sendo mais específico, o comportamento emocional passeia tanto pela racionalidade quanto pela emocionalidade de um atleta e, portanto, torna-se necessário o autoconhecimento. Engana-se quem pensa que emoção é pura e simplesmente estar alegre, triste ou com raiva e que a administração perfeita desses elementos equilibrará a psiquê de um atleta. Emoção está para além disso. Emoção é um comportamento biológico sem domínio volitivo e seu controle não é possível. O que controlamos são nossos impulsos. Estes sim podem ter reações treinadas para uma competência emocional que auxilie os atletas a efetivarem o movimento e a tomada de decisão mais adequada. Importa muito para o atleta sua jornada emocional, os arquivos de memórias que conquista ao longo do tempo e que pode acessar em determinado momento. Pode parecer estranho, mas para entender a relação do sistema nervoso com o comportamento temos que considerar a necessidade de contrações musculares. Sim, contrações musculares. Experimente demonstrar a outra pessoa que você está, por exemplo, sentindo frio sem movimentar um músculo sequer de seu corpo. Consegue imaginar? Contrações das musculaturas lisas e estriadas representam muito bem nosso comportamento emocional e, por conseguinte, toda nossa emocionalidade. Assim, podemos definir o comportamento emocional como a forma pela qual nosso corpo reage a determinados estímulos. É apenas um exemplo de como o estudo do comportamento humano é complexo e importante, seduzindo muitas pessoas, que tentam dar conta das inúmeras facetas comportamentais do ser atleta, fato que tem chamado muito a nossa atenção nos últimos tempos.

Quando iniciei minha trajetória no esporte, havia somente dois instrumentos para ajudar a entender o ser atleta: o teste projetivo HTP e a anamnese. Hoje, temos uma gama muito maior de instrumentos de avaliação e intervenção, que nos permite visualizar um cenário muito mais amplo sobre determinado atleta ou equipe e explorar quase todas as suas potencialidades, sem nos tornarmos "testólogos" e produtores de psicodiagnóstico esportivo. *Quase todos* pois, para além do atleta, temos um ser humano interagindo consigo, com seus medos, sua agressividade, suas falhas, suas motivações, suas manias e seus pensamentos. Logo, falível.

Ainda é comum a ideia de que, ao se referir a aspectos mentais, um atleta se torna mais frágil, mais vulnerável e pouco confiável. Uma obra como esta, escrita por pessoas que pesquisam sobre a Psicologia do Esporte e nela trabalham, ajuda a superar essa antiquada visão. Desde então, Psicologia e Esporte apresentam trajetórias marcantes, cuja união é analisada nesta obra, organizada por Clarice Medeiros e Adriana Lacerda.

A partir do ponto de vista dessa obra e de outras publicadas, a Psicologia do Esporte se modificou significativamente e para muito melhor. Modificou a vida de muitos atletas e, consequentemente, a nossa, pois conseguimos nos aperfeiçoar nos estudos e nas técnicas e a desenvolver uma tecnologia que hoje é nossa grande aliada, do ponto de vista mental. Como explicitado no início do texto, essa introdução me relembrou a evolução da Psicologia do Esporte no Brasil e tive a alegria de ter a certeza de que diversas pessoas ligadas às ciências do esporte hoje reconhecem a importância do aspecto emocional na jornada de um atleta.

O cerne desse livro é refletir a Psicologia do Esporte no Brasil e sua prática na atualidade. E como ainda temos coisas para refletir, para repensar, para desvendar, para viver e produzir. Os capítulos desta obra mostram o quanto a Psicologia do Esporte evoluiu em termos de aplicabilidade e visibilidade. A área ainda amadurece, mas há um crescente número de profissionais de psicologia atuando e ajudando nesse processo. Prova disso foi a quantidade recorde de psicólogos acompanhando atletas no ciclo dos Jogos Olímpicos do Rio de Janeiro.

E é assim que esse livro se inicia. Logo no primeiro artigo, "Psicologia do Esporte e Legado Olímpico", Sâmia Hallage, Aline Arias Wolff e Alessandra Dutra dissertam sobre o impacto que as Olimpíadas de 2016 tiveram no Brasil e no campo da psicologia esportiva. Em um passado não muito remoto, a relação entre psicologia e esporte era lembrada para referenciar um mau desempenho ou uma derrota, como apontado anteriormente. O panorama, contudo, vem se modificando, e a principal razão disso são os bem sucedidos trabalhos de psicólogos brasileiros nos últimos anos. Atualmente, a preparação psicológica é considerada parte fundamental da preparação de um atleta, ao lado da técnica/tática e física. As autoras demonstram como o sucesso de diversas iniciativas contribuiu para solidificar a psicologia como ciência fundamental na preparação de atletas, no Comitê Olímpico Brasileiro.

Em seguida, em "Equipe esportiva multi, inter e transdisciplinar: como trabalha o psicólogo?", Thais Silva Rueda e Adriana Lacerda abordam a tendência multidisciplinar que existe no esporte. A competição esportiva exige que o atleta tenha preparação técnica, física, tática e psicológica, pois seu desenvolvimento é global. Dessa forma, o artigo traz uma provocação: a multidisciplinaridade não é suficiente para dar conta do fenômeno esportivo, sendo preciso caminhar em direção à transdisciplinaridade.

No artigo "A Teoria das Representações Sociais e o Fenômeno Esportivo: uma leitura possível", Daniela Muniz de Lima Granja, a partir do conceito de representação social, tão caro à psicologia e à sociologia, articula esporte e representação social para demonstrar como o esporte configura-se hoje como um produtor de sentido e de valores para o indivíduo e a sociedade.

Em "Uma Análise de Gênero no Futebol", Manuela Lira e Adriana Lacerda se debruçam sobre o lugar ocupado pela mulher na sociedade ao longo dos anos para então analisar esse local no contexto esportivo. Neste, as grandes diferenças salariais, de patrocínio e de reconhecimento ainda podem ser notadas entre homens e mulheres e, embora o atual cenário esportivo brasileiro e mundial seja repleto de atletas do sexo feminino, ainda existem diversos preconceitos velados com elas — como ilustram com o caso do futebol.

Adiante, em "Esporte e Cuidado: a prática esportiva como ferramenta de formação pessoal e transformação social", Renata Parente Garcia e Raphael Zaremba propõem pensar o esporte para além do rendimento esportivo. A problemática consiste no fato de que, apesar de haver uma grande quantidade de jovens envolvidos no esporte, somente uma pequena minoria entrará para as categorias de elite. Com isso, deixamos de lado, frequentemente, aquele que deveria ser o objetivo mais nobre das categorias de base: formar jovens vencedores na vida. Os autores propõem conceber a prática esportiva como um espaço de aprendizado de lições e valores, propiciando o desenvolvimento das habilidades psicossociais. Para tanto, trazem o relato do trabalho da ONG VemSer para ilustrar a importância da dimensão do cuidado no esporte.

No artigo "Desafios da Psicologia Esportiva no Esporte Adaptado", Franco Noce e Cristina Carvalho de Melo demonstram como o esporte tem importante papel na recuperação e na inserção de pessoas com deficiência na sociedade. Para eles, a prática esportiva é um instrumento eficaz nos processos de reabilitação, socialização, de melhoria da qualidade de vida, no lazer e na superação de limites. Os autores também elencam os desafios ainda encontrados na área para provocar a reflexão sobre a Psicologia Esportiva aplicada ao paradesporto na atualidade brasileira, apontando diretrizes de trabalho.

Já em "Corpo e perfomance: reflexões sobre a dor em atletas de alto rendimento", Clarice Medeiros faz uma importante reflexão sobre a constante presença de lesões e dores em atletas de alto rendimento. O atleta, ao buscar o aperfeiçoamento corporal, técnico e tático, depara-se com um corpo limitado e lesionado. É um movimento paradoxal: se por um lado tenta ignorar ou superar as limitações que o corpo lhe impõe, por outro aumenta a gravidade ou o número de lesões com que se depara. A autora pergunta ainda qual seria o lugar do psicólogo esportivo diante desses acometimentos, sugerindo ser ele o responsável por ouvir o sujeito e suas dores, facilitando assim seu tratamento físico e mental.

No artigo "Compreensão e Intervenção da Motivação na Psicologia do Esporte: Avanços Científicos" Adriana Lacerda e Mario Luiz C. Barroso trabalham um conceito de extrema importante para a Psicologia Esportiva: a motivação. A motivação é muito importante na busca de qualquer objetivo, como mostram as teorias analisadas, que comprovam seu destaque. Os indivíduos não participam de atividades físicas e esportivas somente por motivos individuais, mas também influenciados por métodos e situações. Isso explica por que algumas pessoas são mais motivadas do que outras, bem como suas escolhas e seu nível de desempenho. Além disso, introduzem a variedade de instrumentos desenvolvidos para medir o nível motivacional do indivíduo e técnicas de intervenção. O artigo traz assim uma rica discussão sobre o papel da motivação no contexto esportivo.

Os dois últimos artigos discorrem sobre os avanços científicos na área da Psicologia Esportiva. No artigo "Pesquisas e Avanços da Psicologia Esportiva: cenário atual", Alberto Filgueiras discute a validade do trabalho com tecnologias na psicologia esportiva. Tal proposta concebe a psicologia como uma ciência. Para tanto, inovações como biofeedback, biofeedback cardíaco, biofeedback do sistema nervoso e neurofeedback são importantes. Para o autor, apesar de serem técnicas promissoras, os biofeedbacks ainda dependem do controle de muitas variáveis e de sua combinação com outras técnicas para serem eficazes — pequenos passos em um longo caminho a ser percorrido e descoberto.

E em "Ampliando a Psicologia do Esporte: o uso de novas tecnologias", Erick Conde demonstra como as tecnologias são cada vez mais utilizadas pela sociedade e, por isso mesmo, ganham espaço no meio esportivo. No campo da Psicologia do Esporte, as tecnologias têm sido usadas em larga escala para medidas cognitivas, psicofisiológicas e treinamento mental. Essas aplicações se aproximam do campo das neurociências e preenchem uma lacuna entre a subjetividade da esfera mental e a fisiologia esportiva. O autor explora ainda as principais tecnologias utilizadas: biofeedback, rastreadores de olhar e medidas cognitivas informatizadas (CogSport, CRI e IMPACT). O artigo aguça a curiosidade do leitor ao trazer uma ampla formulação sobre o uso das novas tecnologias no campo esportivo.

A produção desses artigos só foi possível pois começamos a tratar a Psicologia do Esporte como ciência e o emocional não mais como algo fora do corpo, sendo uma valência menor das habilidades de um atleta. Ou seja, deixamos de tratar o mental como algo etéreo, construindo um caminho próprio, guiado e referenciado pela realidade brasileira, que, a leitura mostrará, tem muito a acrescentar.

Desejo a todos uma excelente leitura sobre a Psicologia do Esporte. Deixo aqui meu profundo agradecimento pelo convite para escrever essas poucas palavras de introdução desta obra que, certamente, vai balizar muito seus estudos daqui em diante.

Psicologia do esporte e o legado olímpico

Sâmia Hallage • Aline Arias Wolff • Alessandra Dutra

Os eventos esportivos atraem cada vez mais a atenção das pessoas. Em 2016, o Brasil teve a oportunidade de sediar os Jogos Olímpicos, uma das competições mundiais mais aguardadas e prestigiadas, que mobiliza um número cada vez maior de entusiastas. Cada Olimpíada tem uma marca e deixa lembranças. Quem não lembra das lágrimas do urso Misha no encerramento das Olimpíadas de Moscou (1980)? Ou da conquista da medalha de ouro pela seleção brasileira de vôlei masculino, em Barcelona (1992)? Os Jogos Olímpicos do Rio de Janeiro não foram diferentes e deixaram várias marcas. Uma delas foi a valorização do trabalho de preparação psicológica no Brasil, evidenciada diversas vezes no discurso dos atletas. Além de valorizada, a preparação psicológica nunca fora tão significativa ao longo de um ciclo olímpico, pois foi inserida na sistemática de treinamentos, com o psicólogo sendo entendido como membro fundamental da comissão técnica — algo poucas vezes visto antes. Houve avanços importantes para a área no Brasil, e eles certamente impulsionarão o desenvolvimento da Psicologia Esportiva nacional, um dos legados da Rio-2016.

Segundo dicionários, "legado" é aquilo que se deixa em benefício de outrem. Gratton e Preuss (2008) pontuam que os legados possuem características positivas e negativas e que sempre há uma tendência a superestimar as primeiras. Os autores destacam cinco tipos de legados olímpicos: infraestrutura, saber e conhecimento, imagem, economia, comunicação e cultura. Os Jogos do Rio-2016 deixaram vários legados e aqui refletiremos sobre os relacionados à Psicologia do Esporte brasileira. Para tal, voltaremos nosso olhar para a história do desenvolvimento dessa especialidade em nosso país e para a atuação dos psicólogos esportivos brasileiros nas últimas edições dos Jogos.

Atualmente, os avanços da psicologia nas diversas áreas da vida humana são notáveis, não sendo diferente no contexto esportivo. Consideramos que a década de 1950 marca o início da Psicologia do Esporte no Brasil. Foi quando o pioneiro João Carvalhaes iniciou seu trabalho no São Paulo Futebol Clube, onde atuou durante 19 anos, tendo integrado a comissão técnica da seleção brasileira de futebol campeã do mundo na Suécia, em 1958 (RUBIO, 2000). A história da nossa especialidade continua com Athayde Ribeiro da Silva, que acompanhou a seleção brasileira bicampeã do mundo no Chile, em 1962. Além de trabalhar com atletas, esses dois profissionais participaram de congressos internacionais e escreveram os primeiros livros brasileiros sobre a Psicologia do Esporte.

A partir da década de 70, a preparação psicológica de atletas avança para outras modalidades e começa a se desenvolver em várias regiões do país. Cresce o número de pessoas interessadas e envolvidas com o assunto. Seguindo o exemplo de outros países, o psicólogo Benno Becker Júnior lidera a fundação da Sociedade Brasileira de Psicologia do Esporte (Sobrape), em 1979. Em 2007, nasce a Associação Brasileira de Psicologia do Esporte (Abrapesp), capitaneada por Kátia Rúbio. Em 2015, um grupo de psicólogos cria a Associação Brasileira de Estudos em Psicologia do Esporte e do Exercício (Abrapeex), presidida atualmente por Regina Brandão. Além dessas instituições, destaca-se a criação do primeiro Laboratório de Psicologia do Esporte (Lapes), em 1991, por Dietmar Samulski na Universidade Federal de Minas Gerais (UFMG).

Na década de 90, surgem cursos de extensão e especialização e um movimento para incluir a disciplina Psicologia do Esporte na grade curricular dos cursos de graduação de Psicologia e Educação Física. Atualmente, algumas universidades, como a Universidade do Estado do Rio de Janeiro (UERJ), contam com laboratórios específicos de Psicologia do Esporte, que possuem linhas de pesquisas em pós-graduações de Psicologia e Educação Física.

A Psicologia, como ciência do comportamento humano, dispõe de um corpo de conhecimentos que pode contribuir para o desenvolvimento do esporte através do estudo do comportamento do atleta e sua relação com o ambiente no qual está inserido (HALLAGE-FIGUEIREDO e MOURA, 2003).

É preciso salientar que o conhecimento de alto nível da Psicologia do Esporte não está restrito a atletas de alto rendimento. Ele também pode beneficiar pessoas que praticam atividades físicas em geral, sem fins competitivos, e crianças em iniciação esportiva. De acordo com Pierro, Cillo e Hallage-Figueiredo (2011), os principais objetivos da Psicologia do Esporte são o bem-estar psicológico do atleta e de qualquer praticante de atividade física, educar e formar atletas em busca do desenvolvimento de comportamentos específicos e otimizar o rendimento esportivo.

Em se tratando de alto rendimento, a Psicologia do Esporte tem como meta ensinar estratégias comportamentais e cognitivas para o atleta utilizar no seu dia a dia e otimizar seu rendimento em treinos e competições. O psicólogo do esporte estuda o comportamento do atleta, ou seja, o que ele faz, pensa e sente e a partir daí propõe intervenções para modificar comportamentos que não estão sendo funcionais, contribuindo assim para um desempenho superior. Martin (2001) destaca a existência de técnicas passíveis de serem aplicadas em treinos e competições para modificar os comportamentos do atleta e melhorar seu desempenho esportivo.

No entanto, a adoção desses procedimentos depende de uma mudança nas cognições distorcidas — passo importante para que o atleta passe a ter comportamentos mais funcionais. Wolff (2015) cita pesquisas realizadas por Highlen, Bennet, Williams e Krane que demonstram que atletas bem sucedidos se valem de estratégias cognitivas eficazes, refletidas em pensamentos úteis, diálogo interior positivo e enfrentamento ligado ao problema. Isto comprova, portanto, que a ação sobre tais fatores é eficaz para o atingimento de bons níveis de desempenho.

Gould, Weiss e Weinberg (1981) verificaram que lutadores bem sucedidos têm mais ideias positivas sobre si mesmos e pensam mais sobre a luta do que competidores menos vencedores. A pesquisa foi feita entre praticantes de luta greco-romana de universidades norte-americanas. A cognição, portanto, atua como mediadora entre estímulo e comportamento, podendo ser determinante para comportamentos saudáveis e orientados para o bom desempenho.

Em um passado não muito remoto, a relação entre Psicologia e Esporte era lembrada para referenciar mau desempenho ou derrota. A figura do psicólogo era tida como novidade, e esse tipo de trabalho era valorizado apenas quando algo não ia bem. O panorama, contudo, vem se modificando, e a principal razão disso são os bem sucedidos trabalhos realizados por psicólogos brasileiros nos últimos anos.

Atualmente, a preparação psicológica é considerada parte fundamental da preparação de um atleta, ao lado da preparação técnica/tática e física. Ela é um processo que deve ser planejado e desenvolvido ao longo de todo o período que antecede às competições, como qualquer outra área envolvida na preparação esportiva. Em um primeiro momento, o psicólogo do esporte avalia as demandas do atleta ou do grupo e posteriormente conduz as intervenções necessárias para treinar as habilidades que tenham mais impacto no rendimento (WOLFF, 2015). Para tanto, utiliza diferentes recursos metodológicos, sempre baseados em evidências científicas.

A primeira etapa da preparação psicológica é a avaliação inicial. Geralmente, essa etapa é composta por entrevistas, questionários, testes e observação de comportamento, com objetivo de coletar dados sobre a história de vida e esportiva do atleta. A partir dessa avaliação, o psicólogo será capaz de planejar seu trabalho, que geralmente é específico para cada atleta. Em se tratando de equipes, há dois planejamentos, individual e coletivo. Wolff (2015) recomenda que esse plano seja discutido com o atleta e demais membros da comissão técnica para alinhar os objetivos adequadamente. Portanto, é fundamental adequar o planejamento da preparação psicológica à periodização de treinamento do atleta ou da equipe. De acordo com Balague (2000), isso muitas vezes não acontece. A preparação psicológica acaba sendo feita quando existe disponibilidade de tempo ou há alguma emergência. A autora propõe um modelo de periodização da preparação psicológica que trabalhe as habilidades específicas de cada fase do treinamento.

A etapa seguinte é a de intervenção. Nela, são trabalhadas variáveis que podem interferir no desempenho dos atletas. A literatura destaca atenção e concentração, motivação, emoções, autoconfiança e autoeficácia e coesão de grupo. Pesquisadores e psicólogos da área utilizam estratégias de intervenção como estabelecimento de metas, treinamento mental, relaxamento, controle de estresse, autofala, reestruturação cognitiva e modelagem (CILLO, 2002; MARTIN, 2001; MEYERS, WHELAN e MURPHY,1995).

É muito importante que o profissional quantifique as metas de preparação psicológica e sua evolução ao longo do acompanhamento. Ao final de cada temporada, é preciso rever o trabalho com o atleta e seu treinador para avaliar resultados e estabelecer novas metas.

Outro aspecto importante da preparação psicológica diz respeito ao trabalho da equipe interdisciplinar — o segredo da excelência esportiva. Tal ação exige dos profissionais envolvidos uma habilidade especial, a de interação, um conjunto de atitudes que favorece não somente a consolidação da equipe interdisciplinar como otimiza o desempenho dos atletas. Japiassu (1976) defende a condição especial do espírito interdisciplinar, a condição colaborativa do saber, na qual o homem só avança quando se propõe de fato a compartilhar o saber e ao mesmo tempo respeitar o saber de outrem. Esse é um modelo muito rico quando papéis e regras estão claros e entendidos por todos e existe respeito em relação a cada uma das áreas envolvidas. É uma forma de olhar o atleta e o desempenho esportivo sob os diferentes prismas das ciências do esporte a um só tempo, o que enriquece a qualidade do entendimento e das intervenções em todas as áreas.

Medina (2003), preocupado com o profissional do futuro, menciona a necessidade de interação com diversas áreas e a criação de sinergia entre os saberes para que teoria e prática de várias disciplinas dialoguem. Para o autor, a disciplinaridade não dá mais conta do cenário atual, pois se trata de um modelo em que cada disciplina cuida do seu espaço sem se relacionar com outra, sem troca de conhecimento, sem avanço, correndo o risco de patologizar o saber.

Diante da importância da interdisciplinaridade, um ponto delicado da função do psicólogo é a confidencialidade. O respeito ao sigilo das informações é uma das premissas do Código de Ética Profissional do Psicólogo, promulgado pelo Conselho Federal de Psicologia (2005). As únicas ressalvas estão previstas em lei. O segredo pode ser controverso no contexto esportivo, já que o trabalho interdisciplinar demanda a divulgação de informações que o psicólogo pode ter, mas não pode transmitir, salvo com consentimento prévio do atleta. Evidentemente, algumas questões precisam ser compartilhadas para o bom andamento dos trabalhos, mas a transparência é crucial para que, antes de qualquer coisa, o atleta seja parte do processo e tenha sua intimidade preservada. Afinal, a forma de passar as informações indispensáveis deve sempre garantir a preservação do direito à intimidade. Nesse passo, é importante que o psicólogo do esporte consiga funcionar bem nas equipes interdisciplinares, transparecendo as informações relevantes sem passar por cima do sigilo e da preservação da intimidade do atleta e da comissão técnica.

Tal tarefa não é simples, mas possível e merece toda atenção e cuidado. Muitas vezes um trabalho interdisciplinar fraco limita muito as possibilidades de atuação do psicólogo, mas a quebra da relação de confiança via de regra impede o sucesso de qualquer intervenção.

Voltando aos Jogos Olímpicos, a preparação psicológica deve ser diferenciada e realizada ao longo de todo o ciclo. De acordo com McCann (2008), os Jogos Olímpicos são diferentes de todas as outras competições, pois ganhar uma medalha pode modificar a vida do atleta. O primeiro registro que temos no Brasil de uma preparação psicológica bem sucedida em Jogos Olímpicos é o trabalho da psicóloga Regina Brandão com a seleção brasileira masculina de voleibol, liderada pelo técnico José Roberto Guimarães, medalha de ouro em Barcelona-1992.

Em Atlanta-1996 não temos registro expressivo, embora esse tipo de trabalho continuasse a ser desenvolvido junto às seleções de voleibol masculino e feminino. A Confederação Brasileira de Voleibol (CBV) sempre foi uma das pioneiras na valorização do trabalho de preparação psicológica, que era feito desde a década de 1990 nas categorias de base. Alguns dirigentes, como Hélcio Nunan, já valorizavam a preparação psicológica como parte da preparação geral dos atletas. Nunan foi um dos maiores responsáveis pela continuidade do trabalho ao longo dos anos. Além da CBV, algumas confederações, como a de judô, foram incluindo, nas últimas décadas, a preparação psicológica em suas seleções.

Em 2000, meses antes dos Jogos Olímpicos de Sidney, o Comitê Olímpico Brasileiro (COB) organizou um encontro internacional de Psicologia do Esporte. Nessa edição, o responsável pela preparação psicológica da delegação brasileira foi Roberto Shinyashiki.

Em 2004, o COB buscou Dietmar Samulski, psicólogo alemão estabelecido no Brasil e professor da UFMG com trabalho reconhecido mundialmente, para ser o psicólogo da delegação brasileira em Atenas. Samulski inovou ao trazer psicólogos para auxiliá-lo na preparação dos atletas. Mas o reconhecimento esperado não veio.

O panorama começou a mudar em 2008. Os Jogos de Pequim foram importantes por chamar a atenção para a necessidade de incluir a preparação psicológica no treinamento dos atletas de maneira sistemática. Quem acompanhou a transmissão dos eventos provavelmente se surpreendeu com choros e pedidos de desculpas dos atletas. Algumas promessas de medalha se concretizaram, enquanto outras deixaram tristes lembranças de erros e confusões.

Esses acontecimentos reacenderam a discussão sobre a preparação dos atletas brasileiros. O presidente do COB respondeu ressaltando a importância de investir na preparação psicológica dos ciclos seguintes. Em 2008, poucos psicólogos trabalhavam efetivamente com os atletas. Alguns casos de sucesso, como vela e voleibol feminino, ressaltaram a efetividade da preparação psicológica.

Em Londres-2012, a preparação psicológica começou a ser considerada parte das ciências do esporte, e o COB direcionou e apoiou ações que já estavam sendo realizadas para aquele ciclo olímpico. Onze modalidades contaram com o serviço de psicologia: canoagem, futebol, ginástica artística, judô, handebol, boxe, tiro, taekwondo, maratona, vela e vôlei de praia.

No final de 2014, o COB decidiu investir ainda mais na sistematização do trabalho de preparação psicológica e reuniu profissionais que já atuavam com atletas olímpicos no grupo de trabalho "Preparação Mental". O nome surgiu da troca de experiências com comitês de países que tiveram a mesma iniciativa. Infelizmente, no senso comum, o termo "psicologia" ainda é associado a doenças, o que de certo modo atrapalhava o entendimento das ações da psicologia esportiva.

O grupo, coordenado por três psicólogas (Aline Arias Wolff, Alessandra Dutra e Sâmia Hallage) e um *coach*, Antonio Carlos Moreno, teve como objetivo inicial desenvolver ações para aprimorar a preparação mental dos atletas para os Jogos de 2016 e estruturar a área para os próximos ciclos. O primeiro grande passo foi reunir os psicólogos atuantes com atletas olímpicos a fim de alinhar práticas, trocar experiências e conhecimento e fornecer informações para que os profissionais pudessem conduzir seu trabalho da melhor forma. Vale dizer que tais encontros foram marcados por um clima amistoso e colaborativo, o que foi um ponto de transformação para a comunidade da Psicologia do Esporte brasileira, historicamente marcada por dificuldades de relacionamento entre seus pares.

Além das ações voltadas para a preparação de atletas e trocas entre os profissionais da área, o grupo participou de várias ações conduzidas pelo COB, como suporte ao programa familiares e amigos; participação no programa de recepção dos atletas classificados; suporte a ações de marketing; definição do direcionamento à imprensa e orientação da equipe de psicólogos nesse quesito; construção de guias educativos impressos e em vídeo; desenvolvimento de materiais psicológicos personalizados para atletas; comunicações com a imprensa sobre o trabalho que estava sendo realizado; participação no programa Vivência Olímpica e planejamento e organização das ações da equipe de psicólogos durante os Jogos.

Ações em tantas frentes nunca haviam acontecido em um ciclo olímpico. O sucesso de tantas iniciativas contribuiu para a solidez da psicologia como ciência fundamental para a preparação olímpica dentro do COB, já que teve importante papel na melhor participação brasileira em Jogos Olímpicos — foram sete medalhas de ouro, seis de prata e seis de bronze.

Após o ciclo olímpico Rio-2016, podemos afirmar que a preparação mental se consolida como parte da preparação de um atleta de alto rendimento. É notório o entendimento dos competidores sobre a importância dessa preparação e já não é mais comum resistência ou falta de entendimento sobre o trabalho psicológico. A maioria das modalidades esportivas que participaram dos Jogos Olímpicos de 2016 contou com um trabalho psicológico em sua preparação, dado que sustenta o novo paradigma da preparação mental do COB.

Referências Bibliográficas

Balague, Gloria. Periodization of Psychological Skills Training. *Journal of Science and Medicine in Sport*, 3:3, 230-237, 2000.

Conselho Federal de Psicologia. *Código de ética profissional do psicólogo*. Brasília, DF: Autor, 2005

Cillo, Eduardo. Psicologia do Esporte: conceitos aplicados a partir da Análise do Comportamento. In: Teixeira, A. (org.) *Ciência do Comportamento: conhecer e avançar*, volume 1, Esetec, Santo André/SP, 119-137, 2002.

Gratton, Chris; Preuss, Holger. Maximizing Olympic Impacts by Building Up Legacies. *The International Journal of the History of Sport*, 25:14, 1922-1938, 2008.

Gould, Daniel; Weiss, Maureen; Weinberg, Robert. Psychological characteristics of successful and nonsuccessful Big Ten wrestlers. *Journal of Sport Psychology*, 3, 69-81,1981.

Hallage-Figueiredo, Sâmia; Moura, Luizomar. Preparação psicológica: o desafio das categorias de base da seleção brasileira de voleibol feminino. In: Rubio, K. (org.) *Psicologia do esporte aplicada*. São Paulo: Casa do Psicólogo, p. 227-242, 2003.

Japiassu, Hilton. *A Interdisciplinaridade e a Patologia do Saber*. Rio de Janeiro: Imago, 1976.

Martin, Garry. *Consultoria em Psicologia do Esporte: orientações práticas em análise do comportamento*. Campinas: Instituto de Análise do Comportamento, 2001.

Medina, João Paulo. *Interdisciplinaridade, Transdisciplinaridade e Futebol*. Universidade do Futebol. Disponível em: http://universidadedofutebol.com.br/multidisplinaridade-interdisciplinaridade-e-transdisciplinaridade-no-futebol, 2007.

McCann, Sean. At the Olympics Everything is a Performance Issue. *International Journal of Sport and Exercise Psychology*, 6, 267-276, 2008.

Meyers, Andrew; Whelan, James; Murphy, Shane. Cognitive-behavioral Strategies in Athletic Performance Enhacement. In M. Hersen, R.M. Eisler, P.M. Miller (Eds.). *Progress in Behavior Modification*, 30, 137-164, 1996.

Pierro, Carla; Cillo, Eduardo; Hallage, Sâmia. Análise do Comportamento no Esporte. *Boletim Paradigma*, 6:21- 23, 2011.

Rubio, Katia. O trajeto da Psicologia do Esporte e a formação de um campo profissional. In Rubio, K. *Psicologia do Esporte: interfaces, pesquisa e intervenção*. São Paulo: Casa do Psicólogo, p. 15-28, 2000.

Wolff, Aline A. *Pensamento Campeão: Um guia de Psicologia do Esporte baseado na terapia cognitivo-comportamental*. Rio de Janeiro: Editora Cognitiva, 2015.

Equipe esportiva multi, inter e transdisciplinar: como trabalha o psicólogo?

Thais Silva Rueda • Adriana Lacerda

Introdução

A Psicologia do Esporte surgiu de demandas da prática esportiva que poderiam ser atendidas pelos conhecimentos da Psicologia e durante muito tempo se encontrou na fronteira entre a Psicologia e a Educação Física. Apesar de a sua história ter origem no início do século XX, somente em 20 de dezembro de 2000 a Psicologia do Esporte foi instituída como uma especialidade da Psicologia pelo Conselho Federal de Psicologia (CFP), pela resolução Nº 014/00.

O esporte profissionalizado ganhou *status* de espetáculo e possui papel significativo na cultura e na sociedade mundial, colocando em cena emoções, sentimentos, esforços, tempo e energia. Para superar adversários e recordes, é necessário preparação adequada e a utilização de várias especialidades.

É preciso, portanto, ir além da preparação física, focando na parte técnica, tática e psicológica do atleta. A Psicologia do Esporte é uma dessas disciplinas, visto que o rendimento não depende só de habilidades motoras, mas de um conjunto de fatores internos e externos aos atletas.

O componente emocional é determinante para o alcance de um ótimo desempenho, porém algumas equipes ainda questionam a eficácia da preparação psicológica. Por conseguinte, muitos atletas acabam sucumbindo a dificuldades que poderiam ser minimizadas caso mais psicólogos esportivos fossem utilizados.

A preparação de um atleta de alto rendimento exige o amparo de uma equipe composta por treinador, preparador físico, fisioterapeuta, fisiologista, médico, nutricionista, massagista, entre outros. Porém, apesar do desenvolvimento da Psicologia do Esporte, ainda existe pouca literatura acerca da atuação do psicólogo e de como é a dinâmica de seu trabalho nas equipes.

Tendo em vista o exposto acima, o objetivo deste texto é apresentar a metodologia de trabalho do psicólogo esportivo, sua relação com a preparação física, técnica e tática, e aprofundar a compreensão dos benefícios e das características do trabalho psicológico em equipe multidisciplinar, interdisciplinar e transdisciplinar. Para este estudo, utilizou-se pesquisa não experimental descritiva, por meio de revisão bibliográfica.

Psicologia do Esporte

O esporte sofreu transformações ao longo dos anos. Para se desenvolver, exigiu a contribuição do conhecimento de outras áreas.

A Psicologia do Esporte surgiu da necessidade de aplicação dos conhecimentos da Psicologia a assuntos relacionados ao esporte, que possui regras, estrutura e princípios próprios. Em seu desenvolvimento, recebeu influência tanto da Psicologia quanto das áreas que compõem as Ciências do Esporte. Segundo Rubio (1999), no que se refere à área sociocultural, esse campo inclui disciplinas como antropologia, filosofia e sociologia; no relacionado à saúde, medicina, fisiologia e biomecânica do esporte.

Sob esse aspecto, Rubio (2010) afirma que a Psicologia do Esporte pode ser considerada uma especialidade da Psicologia ou uma subárea das Ciências do Esporte, sendo definida a partir de dois aspectos. O primeiro, decorrente da visão da psicologia, que a compreende como o estudo do comportamento humano e dos variados aspectos psicológicos no contexto do esporte. E o segundo, derivado de fundamentos, processos e consequências da regulação psicológica em atividades relacionadas ao esporte e ao rendimento de atletas e equipes.

Apesar de a Psicologia do Esporte ter se originado do desenvolvimento e das necessidades do esporte de alto rendimento, sua aplicabilidade não está restrita apenas a essa área, objetivando também a melhora da qualidade de vida e do bem-estar psicológico daqueles que praticam a atividade física, integrando e equilibrando mente e corpo. Weinberg e Gould (2015) definem a Psicologia do Esporte como uma área que busca entender e ajudar atletas de alto rendimento, crianças, pessoas com problemas físicos ou mentais e idosos a alcançar máxima participação, desempenho, satisfação e desenvolvimento pessoal por intermédio da atividade esportiva.

A Psicologia do Esporte abrange a prática esportiva global. Por ser uma área diversificada, é preciso compreender a atuação do psicólogo esportivo em sua totalidade, utilizando os conhecimentos da Psicologia para melhorar a saúde mental e a qualidade de vida dos sujeitos.

O psicólogo do esporte e a sua metodologia de trabalho

A Psicologia do Esporte se insere nas mais diferentes modalidades, e é responsabilidade do psicólogo conhecer a teoria e a prática da área em que irá atuar, bem como suas regras e especificidades, integrando esses saberes para melhor aplicar as técnicas psicológicas à demanda esportiva e às necessidades de cada atleta ou grupo.

Segundo Weinberg e Gould (2015), o profissional de psicologia deve orientar seus estudos para o entendimento dos efeitos dos fatores psicológicos sobre o desempenho físico do indivíduo e os efeitos da participação em atividades físicas sobre o desenvolvimento psicológico, a saúde e o bem-estar.

Para Rubio (1999), o profissional que atua com Psicologia do Esporte deve ter uma formação diversificada, pois além de conhecer instrumentos, diagnósticos e modelos de intervenção, precisa ter um vasto saber de aspectos esportivos como anátomo-fisiologia e biomecânica, bem como das modalidades esportivas, suas dinâmicas e regras. Dessa forma, é possível compreender melhor o contexto vivido pelos atletas, como treinamentos, competições e a interação com um campo que exige períodos de isolamento e concentração.

O campo da Psicologia do Esporte exige dos profissionais que atuam na área uma diversidade de conhecimentos, pois o esporte tem um impacto global no sujeito e a Psicologia, sozinha, não consegue responder todas as necessidades impostas.

> O psicólogo vem ocupando gradativamente no esporte, espaço em um território dominado historicamente por técnicos, preparadores físicos, médicos, fisioterapeutas, nutricionistas e fisiologistas, constituindo-se em uma atividade multiprofissional por excelência, regulamentada pelos vários códigos profissionais das diversas áreas que compõem a equipe. Ter clareza do que fazer e até onde ir nessas circunstâncias é fundamental para o bom andamento do trabalho do grupo e para uma conduta apropriada (COMISSÃO DE ESPORTE DO CONSELHO REGIONAL DE PSICOLOGIA DE SÃO PAULO, 2000).

Segundo Cárdenas e Cárdenas (2012), é preciso reconhecer as situações específicas que cada esporte vivencia como as situações de estresse, o sistema de competição, a estrutura da temporada e as necessidades de aprimoramento psicológico. O atleta deverá ter o conhecimento necessário para lidar com as situações psicológicas específicas das ocorrências às quais será submetido. E essas situações são um verdadeiro desafio para empregar técnicas, habilidades e estratégias aprendidas no treinamento psicológico.

Dante De Rose Jr. (2000) esclarece que se o psicólogo não complementa sua formação com o conhecimento sobre a área esportiva em que irá atuar, acaba encontrando resistência por parte de técnicos e atletas, pois não está habituado a lidar com o esporte e não fala ou entende a linguagem utilizada diariamente no campo, quadra, pista ou piscina. Além disso, o autor acredita que o atleta não deve receber o mesmo tratamento que o paciente de consultório.

Sozinho, o conhecimento científico não é capaz de atender todas as demandas do Esporte. O psicólogo esportivo também deve conhecer a prática profissional do atleta para saber as técnicas e intervenções a serem utilizadas.

Para introduzir um programa de intervenção no esporte, o psicólogo deve estabelecer um contato inicial com a equipe ou o atleta. Sua primeira tarefa é esclarecer os objetivos e a função do trabalho psicológico no esporte. É importante ressaltar que sua atuação também abrange os treinadores e a equipe técnica.

De acordo com Vieira, Vissoci e Oliveira (2009), geralmente a comissão técnica é a responsável pela contratação do psicólogo do esporte. Como esse primeiro passo não é dado pelos atletas, pode haver uma resistência capaz de intervir na efetividade do trabalho psicológico. O contato inicial, portanto, é extremamente importante. Nesse momento, o psicólogo será apresentado à equipe, devendo estabelecer o *rapport* (vínculo com a equipe) e esclarecer como será seu trabalho.

Após o contato inicial, é necessário realizar uma avaliação psicológica, com o objetivo de observar e coletar o maior número de informações sobre o grupo e seus membros. A avaliação psicológica esportiva é um processo que busca avaliar a inter-relação entre as exigências da modalidade e o contexto em que o atleta está inserido, com os recursos psicológicos que ele possui ou devem ser desenvolvidos para obter melhores resultados na prática esportiva e melhorar a sua qualidade de vida.

Vieira, Vissoci e Oliveira (2009) salientam que a coleta de informações deve focar o indivíduo e o grupo. Na avaliação individual utilizam-se testes psicológicos, entrevistas e observação de conduta tanto em treino quanto em competições. Na avaliação grupal, podem ser utilizados questionários adicionais, sociometria e observações da conduta do grupo.

A observação tem papel fundamental na coleta de dados. Por intermédio dela é possível perceber os fatos diretamente, sem intermediação.

Hartmut Günther (2006) afirma que, sob a perspectiva das ciências sociais, para compreender o comportamento e os estados subjetivos que o formam são considerados três tipos principais de aproximações: a observação do comportamento em seu ambiente real; a observação do comportamento perante tarefas definidas, criadas artificialmente; e o relato das pessoas sobre o seu comportamento (o que fazem, fizeram e porque agiram de determinada maneira).

De acordo com Gill (2008), na observação simples ou assistemática, o psicólogo busca estudar e observar espontaneamente o grupo ou a situação, analisando e interpretando os dados obtidos posteriormente. Esse tipo de observação requer um conhecimento prévio sobre o grupo que se propõe observar. Já a observação sistemática tem como objetivo testar hipóteses e descrever fenômenos. O psicólogo deve estabelecer um plano do que deve ser observado.

Nas competições, um dos recursos utilizados é a análise de jogo, processo que compreende observação, registro e interpretação de dados. Para Garganta (2001), a análise de jogo é o estudo das competições esportivas através da observação do comportamento de atletas e equipes. Esta pode ser considerada uma área de pesquisa cujo objetivo é identificar padrões de comportamento, relacionando-os aos resultados desejados.

Através da troca de informações entre psicólogo e comissão técnica, é possível verificar dados que auxiliarão a corroborar hipóteses, facilitando a delimitação da intervenção a ser realizada.

Rubio (2007) aponta que, em modalidades individuais, a intervenção está direcionada para o atleta e sua performance. As principais metas da intervenção psicológica estão voltadas para a concentração, o controle da ansiedade e o manejo das variáveis ambientais. Entretanto, a maneira e o tempo de desenvolvimento desse trabalho variam conforme o referencial teórico utilizado pelo psicólogo do esporte. As técnicas podem envolver visualização, relaxamento, modelagem de comportamento, análise verbal, inversão de papéis, técnicas expressivas ou corporais.

A autora expõe que em modalidades coletivas a intervenção está direcionada para as relações grupais, a formação de vínculo e a organização de liderança. Existe uma variedade de técnicas utilizadas, como jogos dramáticos originados do psicodrama, melhora do autoconhecimento por meio de técnicas de sensopercepção e técnicas verbais advindas da psicanálise de grupos.

Para Vieira, Vissoci e Oliveira (2009), as intervenções podem ocorrer de duas maneiras: em sessões individuais, marcadas de acordo com demandas identificadas pelo técnico, pelo atleta ou pelas observações do comportamento; e em sessões de grupo, que são regulares e buscam tratar de temas específicos identificados na avaliação psicodiagnóstica ou de uma necessidade momentânea apresentada. O psicólogo, durante as sessões, pode executar intervenções pedagógicas com o objetivo de prover aos atletas e a comissão técnica a aquisição de conceitos psicológicos como ativação, ansiedade, estresse, atenção e motivação, dando assistência para os atletas entenderem e utilizarem as técnicas para que resolvam seus conflitos emocionais.

Por último, é importante avaliar os resultados do trabalho realizado, a fim de verificar se as metas foram alcançadas. O indivíduo deve ser considerado como um todo, em um conjunto integrado onde físico e emocional não podem ser separados em esferas distintas dentro do mesmo ser. O psicólogo do esporte tem como desafio mostrar que corpo e mente fazem parte de um só sistema.

A importância da preparação psicológica

A competição esportiva exige que o atleta tenha preparação técnica, física, tática e psicológica, pois seu desenvolvimento é global. É o psicólogo do esporte quem possui teorias e técnicas para identificar e auxiliar na aquisição e no desenvolvimento das habilidades psicológicas necessárias aos diferentes processos esportivos.

De Rose Jr. (2000) afirma que os quatro aspectos de preparação devem ser tratados com a mesma importância para se obter os resultados desejados. Cada um desses aspectos possui grande relevância, dependendo do momento ou fase de preparação para uma competição. A preparação física é fundamental durante todo o processo, pois permite adquirir capacidades essenciais para o desempenho do atleta e a manutenção do que foi obtido. A preparação técnica ocorre simultaneamente à física e consiste no aperfeiçoamento dos gestos básicos (fundamentos) e das variações necessárias para o esporte, progredindo para a preparação tática (individual e coletiva), que é enfatizada em períodos mais próximos à competição. A psicologia visa preparar o atleta para as diferentes exigências, porém não é eficiente se ocorre em fases agudas ou quando o atleta apresenta resultados negativos.

Segundo Deschamps e Capitanio (2007), a preparação psicológica visa o aprimoramento emocional do atleta, ajudando-o a estabelecer metas e a lidar com situações de estresse, com o objetivo de otimizar o rendimento. Para desenvolver o preparo psicológico necessário, atletas, equipes e comissão técnica devem passar por um processo de treinamento das habilidades psicológicas.

Para Samulski (2002), o objetivo do treinamento psicológico é desenvolver e melhorar habilidades e competências psicológicas (cognitiva, motivacional, emocional e social) de atletas, técnicos e equipes por meio da aplicação de técnicas e programas de treinamento psicológico; estabilizar o comportamento emocional durante a competição (autocontrole emocional); acelerar e otimizar o processo de reabilitação e recuperação e melhorar os processos de comunicação (liderança e comunicação).

O treino de habilidades psicológicas inicialmente visa oferecer conhecimento sobre os aspectos psicológicos, para, logo em seguida, mostrar como essas habilidades funcionam, automatizando e adquirindo o controle sobre elas.

O treino de habilidades psicológicas requer tempo. A primeira fase consiste na educação, em evidenciar para atletas e outros membros da comissão técnica a importância do treino de habilidades psicológicas para a atividade esportiva e sua vida, enfatizando que as habilidades mentais podem ser capacitadas, assim como as físicas.

A segunda fase visa adquirir habilidades psicológicas, desenvolvendo procedimentos e técnicas específicas para potencializá-las e facilitar processo de ensino-aprendizagem. Neste momento, as demandas de cada atleta serão identificadas e as habilidades psicológicas, aprendidas. A última fase refere-se à prática e possui três objetivos principais: automatizar e associar as habilidades aprendidas durante a prática e treinar as habilidades a serem aplicadas na competição (Fernandes, Luz e Santos, 2009).

> Quando não há tempo e comprometimento suficientes para um programa de treinamento abrangente, em vez de trabalhar todas as habilidades necessárias, é melhor priorizar objetivos e enfatizar inicialmente algumas habilidades. A primeira coisa a fazer é diferenciar entre habilidades psicológicas e métodos psicológicos. Habilidades são qualidades a serem obtidas; métodos são procedimentos ou técnicas empregados para desenvolver essas habilidades. Os métodos básicos incluem quatro técnicas tradicionais para desenvolver essas habilidades, incluindo regulação da ativação, mentalização, estabelecimento de metas e atenção ou concentração. (Weinberg e Gould, 2015, p. 260)

O treino de habilidades psicológicas é uma técnica que deve acontecer permanentemente junto ao treinamento físico, técnico e tático. Habilidades psicológicas não são aprendidas rapidamente, por isso dificilmente será eficaz iniciar um trabalho no meio de uma temporada de competições esperando resolver problemas.

Os componentes físico, técnico e tático da ação esportiva estão relacionados a habilidades psicológicas específicas, também chamados correlatos psicológicos, que podem ser treinados com o objetivo de enriquecer e aumentar o rendimento.

Para Markunas (2010), o correlato psicológico do treinamento físico está relacionado ao nível de consciência que o sujeito tem sobre a atividade realizada, que o ajuda a controlar o esforço realizado e, consequentemente, a obter os resultados almejados. A habilidade psicológica da preparação física está relacionada às representações mentais das capacidades e qualidades físicas (rapidez; força; resistência e destreza). Na preparação técnica (formação, desenvolvimento e aperfeiçoamento dos hábitos motores desportivos), a correspondência psicológica está no processo ensino-aprendizagem da técnica, que varia de acordo com a modalidade praticada. Na preparação tática, o foco é o pensamento tático, no qual é preciso compreender e corrigir o erro mental (percepção e análise da situação, solução mental e tomada de decisão) e não só a execução da ação motora. O sujeito precisa ter a flexibilidade necessária para se adaptar a exigências durante a ação esportiva, modificando o plano prévio (relacionado a um adversário ou competição) e a estratégia de atuação a partir da leitura do ambiente ou do adversário.

Brandão (1993) voltou seus estudos para as variáveis psicológicas do esporte que devem ser desenvolvidas e o por quê da importância de seu aprimoramento. Seus estudos se direcionam para os seguintes fatores: autoconfiança, pressão, erro, determinação e força de vontade. Segundo a autora, a autoconfiança é um estado que promove calma e relaxamento para resolver os problemas do jogo de forma mais inteligente. A pressão pode surgir da torcida, da competição propriamente dita, de fatores internos ou externos. As habilidades para lidar com as diferentes situações de jogo podem ser desenvolvidas para que o atleta lide com a pressão e assim melhore seu desempenho. O erro é um dos maiores desafios para o atleta, que deve aprender a lidar com ele de forma positiva e otimista. O erro leva à perda de confiança, a perda de confiança leva ao medo de errar, que gera ansiedade e faz o atleta errar ainda mais. A determinação é a capacidade de superar obstáculos de qualquer tipo, que no esporte está relacionado à capacidade de superar a fadiga, o cansaço e treinar intensivamente. A força de vontade caracteriza-se por quatro aspectos: esforçar-se para atingir metas; persistência e estabilidade; tomada de decisão; iniciativa e autoconfiança.

Sendo assim, a preparação psicológica produz efeitos correspondentes em todos os aspectos envolvidos na preparação de atletas, fato que atesta a importância da Psicologia do Esporte para o programa de treinamento, reconhecendo este componente como essencial às equipes.

Os diferentes correlatos psicológicos podem ser trabalhados por intermédio de técnicas específicas, voltadas para seu aprimoramento.

Deschamps e Capitanio (2007) afirmam que a automotivação pode ser trabalhada a partir de um trabalho de estabelecimento de metas, imaginação das próprias capacidades, autorreforço verbal, exercícios motores e controle da respiração. Para a redução da ansiedade utiliza-se o relaxamento de Jacobson (resume-se a tensionar e relaxar grupos musculares específicos) e o controle da respiração. Para o aumento da ativação, pode ser utilizado o controle da respiração (inspirar mais forte e rápido), imaginação de movimentos dinâmicos e rápidos e a constituição de frases estimulantes. A visualização (repetição mental de habilidades motoras e técnicas) demonstra eficácia na melhora da coordenação neuromuscular.

O psicólogo esportivo deve atuar com a comissão técnica, levando sempre em consideração os objetivos traçados por ela, em uma relação mútua de complementariedade, visando o aumento do rendimento ou a prevenção e manutenção do bem-estar da equipe.

Equipe multi, inter e transdisciplinar

A Psicologia do Esporte foi instituída como especialidade da Psicologia em 2000 e dentre as atribuições do psicólogo esportivo, de acordo com a resolução 14/00 do Conselho Federal de Psicologia, podemos destacar:

> Desenvolve ações para a melhoria planejada e sistemática das capacidades psíquicas individuais voltadas para otimizar o rendimento de atletas de alto rendimento, bem como de comissões técnicas e dirigentes; participa, em equipe multidisciplinar, da preparação de estratégias de trabalho objetivando o aperfeiçoamento e ajustamento do praticante aos objetivos propostos, procedendo ao exame de suas características psicológicas; participa, juntamente com a equipe multidisciplinar, da observação e acompanhamento de atletas e equipes esportivas, visando o estudo das variáveis psicológicas que interferem no desempenho de suas atividades específicas como treinos e competições. (CONSELHO FEDERAL DE PSICOLOGIA, 2000)

Para Nicolescu (1999), a abordagem multidisciplinar busca adquirir conhecimento pelo estudo de um campo específico, a partir da perspectiva de diversas disciplinas simultaneamente. Não há interação entre as disciplinas, elas apenas enriquecem um saber.

Cárdenas e Cárdenas (2012) afirmam que, partindo do modelo ideal de trabalho multidisciplinar do esporte, o psicólogo e a comissão técnica (médicos, fisioterapeutas, treinadores, nutricionistas e preparadores físicos) devem conhecer os fundamentos básicos e os aspectos específicos do trabalho de seus colegas, assim aproveitando melhor o relacionamento com outras áreas profissionais.

Medina (2007) aponta que a multidisciplinaridade (ou pluridisciplinaridade) é a abordagem que aproxima duas ou mais áreas na busca de melhor compreender fatos ou fenômenos. As áreas, porém, utilizam métodos próprios e assim mantêm sua especificidade em sua essência. Este modelo ainda é bastante utilizado pelas comissões técnicas, mas apresenta limitações em relação à extensão da sua compreensão da realidade. O esporte, em sua forma de entretenimento e espetáculo, precisa de mudanças expressivas na forma como é praticado, gestado, concebido e administrado, e a simples soma de saberes especializados já não alcança os resultados esperados. A especialização é essencial, mas é preciso muito mais. É preciso interação, integração, sinergia.

É possível observar que mesmo com a instituição da Psicologia do Esporte, em 2000, com *status* de abordagem multidisciplinar, autores como De Rose Jr., Rubio e Fleury, referem-se à psicologia esportiva, na mesma época, como uma área com abordagem interdisciplinar. A abordagem interdisciplinar tem objetivos distintos da abordagem multidisciplinar, pois nesta há uma transferência de métodos de uma disciplina para outra.

A Psicologia do Esporte tem atuação interdisciplinar com as áreas das ciências do esporte e movimenta profissionais e pesquisadores a desenvolver ideias que busquem a melhoria das demandas de atletas, profissionais e todos os envolvidos no contexto esportivo. (RUBIO, 2000)

A abordagem interdisciplinar viabiliza medidas conjuntas para o gerenciamento de diferentes situações no contexto esportivo. Essa troca de informações permite utilizar o conhecimento de várias disciplinas para a compreensão global do atleta, que permite enxergar um determinado fenômeno sob múltiplos ângulos (DE ROSE JR., 2000).

Fleury (1998) descreve como grande parte dos psicólogos esportivos enfatiza a necessidade de colaboração com os demais profissionais da comissão técnica, como treinador, auxiliar técnico, preparador físico, fisioterapeuta, fisiologista, médico, nutricionista, massagista.

Na abordagem interdisciplinar, os profissionais devem ter um objetivo em comum, onde cada indivíduo se empenha para conhecer as outras disciplinas e suas especificidades, em uma busca que vai além da sua área.

Medina (2007) salienta que a interdisciplinaridade é uma abordagem que visa a interação e a cooperação entre duas ou mais disciplinas, ao contrário da multidisciplinaridade, onde não há coesão entre os saberes. Há uma dificuldade de reconhecer a atuação como interdisciplinar ou multidisciplinar, pois essa interpretação está relacionada à subjetividade dos participantes do processo de conhecimento.

A prática interdisciplinar favorece a intervenção psicológica e a coesão da equipe, pois assim todos estão cientes dos objetivos em comum e atuam no programa de treinamento psicológico, trazendo benefícios complementares para os esportistas.

Fleury (1998) enfatiza que o psicólogo do esporte precisa manter uma boa relação com o treinador e fazer com que o treinamento psicológico seja tão importante quanto as outras áreas presentes na comissão técnica. A autora aponta que o ideal na abordagem interdisciplinar é programar objetivos e o tempo necessário para a implementação deles. O trabalho psicológico deve ser executado em parceria com a comissão técnica, para que se determinem objetivos comuns. A partir daí o psicólogo pode traçar intervenções indiretas que devem ser fomentadas tanto pela comissão técnica como pelo treinador, que nesse caso desempenharão o papel de mediadores entre o psicólogo e os esportistas. Assim, o trabalho psicológico passa a ser um dever de todas as áreas, fator que auxilia o aprimoramento das habilidades que interferem no rendimento esportivo. O psicólogo esportivo deve também assessorar o técnico em cada fase do treinamento psicológico, em relação às demandas psicológicas dos esportistas.

O conceito interdisciplinar trouxe grandes mudanças para a Psicologia do Esporte, mas para um crescimento ainda maior é necessário refletir sobre a abordagem transdisciplinar como um diferencial para o futuro da área, pois este conceito, além de considerar a subjetividade caracteriza que as áreas possuem uma interdependência em todos os aspectos.

Medina (2007) explica que a transdisciplinaridade é o conceito de abordagem mais atual no que se refere à aquisição de conhecimento. Assim como a interdisciplinaridade, busca produzir conhecimento sem restringi-lo a uma disciplina específica, que tem objetos, linguagens e métodos próprios. Nessa abordagem, o conceito de interdisciplinaridade é ultrapassado, pois além de impor uma conduta e uma atitude de total abertura e respeito à diversidade e à complexidade de todos os fenômenos, assume que não há referenciais culturais, étnicos, científicos, religiosos únicos para se considerar como mais correto.

Nicolescu (1999) esclarece que o prefixo 'trans' aborda a ação em conjunto das disciplinas, propondo que a busca pelo conhecimento está entre, através e além de todas as disciplinas, o que implica que o mundo atual não pode ser compreendido a partir de uma estrutura única.

Para Medina (2007), a transdisciplinaridade busca integrar áreas distintas com o objetivo de transcendê-las, para construir um saber que reflita a multidimensionalidade da realidade, exigindo cooperação, coordenação e sinergia entre as disciplinas. A transdisciplinaridade reconhece a interdependência de todos os aspectos da realidade e objetiva compreendê-los como um todo e não como parte, como se propõe cada disciplina.

A abordagem transdisciplinar representa uma mudança radical na perspectiva científica, considerando todas as particularidades que envolvem nossa realidade e existência dentro da nossa complexidade, em busca de uma compreensão mais ampla da realidade ou do mundo em que vivemos.

Considerações finais

A Psicologia do Esporte se desenvolveu principalmente no que diz respeito à metodologia de trabalho do psicólogo do esporte. Temos hoje um suporte teórico-metodológico que dá credibilidade e respaldo à atuação do psicólogo esportivo.

Além do conhecimento científico, é preciso também conhecimento prático. Este deve ir além da área de atuação do psicólogo, já que a preparação do atleta deve ser a mais completa possível, englobando a parte técnica, tática e psicológica. Em cada uma dessas habilidades existem correlatos psicológicos que podem ser aperfeiçoados com a ajuda dos conhecimentos da psicologia do esporte.

A preparação psicológica deve acontecer em um trabalho integrado com comissão técnica. Observações, entrevistas e conversas com o atleta e com a equipe técnica são fundamentais para a elaboração do programa de treinamento de habilidades psicológicas. Esse trabalho conjunto permite clarificar hipóteses e oferece uma visão mais detalhada sobre as demandas apresentadas.

Apesar da necessidade de uma transdisciplinaridade no esporte, a literatura atual ainda fala muito pouco sobre o assunto. A área encontra-se dividida entre o trabalho multidisciplinar e interdisciplinar. Sendo assim, é preciso que os profissionais atentem para essa abordagem que tanto pode contribuir para o desenvolvimento da preparação esportiva.

Futuramente será de grande utilidade estudar mais profundamente as inter-relações das áreas que compõem a comissão técnica, investigando como elas se influenciam e como seus saberes contribuem para o crescimento da psicologia esportiva.

Referências Bibliográficas

BRANDÃO, M. Perfil psicológico. Uma proposta para avaliar atletas. *Revista Brasileira de Ciência e Movimento*, vol. 7, nº 2, São Paulo, 1993. Disponível em: <http://

portalrevistas.ucb.br/index.php/RBCM/article/view/244/394> Acesso em 02 jun. 2015.

Cárdenas, R.; Cárdenas, Y. A psicologia como ciência aplicada ao esporte de alto rendimento. *Revista Digital EF Deportes*, nº 166, Buenos Aires, 2012. Disponível em: <http://www.efdeportes.com/efd166/a-psicologia-aplicada-ao-esporte-de-alto-rendimento.htm> Acesso em 03 mai. 2016

Comissão de Esporte do Conselho Regional de Psicologia de São Paulo. A Avaliação Psicológica no Esporte ou os Perigos da Normatização e da Normalização. In: Rubio, K. *Psicologia do Esporte: Interfaces, Pesquisa e Intervenção*. 1ª ed. P 155-164. São Paulo: Casa do Psicólogo, 2000

Conselho Federal de Psicologia. Resolução CFP n. 014/2000

De Rose Jr., D. O esporte e a Psicologia enfoque do profissional do esporte. In: Rubio, K. *Psicologia do esporte: Interfaces, Pesquisa e Intervenção*. 1ª ed. P 29-40. São Paulo: Casa do Psicólogo, 2000

Deschamps, S.; Capitanio, M. Triathlon: um relato de uma experiência de intervenção psicológica. *Revista EFDesporte*. Revista digital, ano 11, nº 106. Buenos Aires, 2007. Disponível em: <http://www.efdeportes.com/efd106/triathlon-um-relato-de-uma-experiencia-de-intervencao-psicologica.htm> Acesso em: 20 mai 2016

Fernandes, L.; Luz, L. e Santos, B. (2009). *Introdução ao treinamento de habilidades psicológicas*. Revista Digital Publicar, nº 2, jan/jul., p. 190-202.

Fleury, S. *Competência Emocional, o caminho da vitória para equipes de futebol*. 2ª ed. São Paulo: Gente, 1998.

Garganta, J. A análise da performance nos jogos desportivos. Revisão acerca da análise do jogo. *Revista Portuguesa de Ciências do Desporto*, vol.1, nº 1. p. 57-64, 2001. Disponível em: <http://observatorio.esportes.mg.gov.br/wp-content/uploads/2012/07/2001-A-an%C3%A1lise-da-performance-nos-jogos-desportivos-Revis%C3%A3o-acerca-da-an%C3%A1lise-do-jogo-garganta.pdf> Acesso em 5 mai. 2016

Gill, C. *Métodos e Técnicas de Pesquisa Social*. 6ª ed, São Paulo: Atlas, 2008

Günther, H. Pesquisa qualitativa versus Pesquisa quantitativa. Esta é a questão?. *Psicologia: Teoria e Pesquisa*. vol. 22, nº2, 2006. Disponível em: < http://www.scielo.br/pdf/ptp/v22n2/a10v22n2> Acesso em: 05 abr. 2016

Markunas, M; Periodização da Preparação e do Treinamento Psicológico. In: Rubio, K. *Psicologia do Esporte: Teoria e Prática*. 2ª ed. p. 33-56. São Paulo: Casa do Psicólogo, 2010

Medina, J. Multidisciplinaridade, interdisciplinaridade e transdisciplinaridade no futebol. *Universidade do Futebol*, 2007. Disponível em: < http://www.ceperf.com.br/artigos/43/multi-inter-transdisciplinaridade-no-futebol> Acesso em: 3 jun. 2016

Nicolescu, B. The transdisciplinary evolution of learning. *American Educational Research Association*, 1999. Disponível em: <http://www.learndev.org/dl/nicolescu_f.pdf> Acesso em: 16 mai. 2016

Rubio, K A psicologia do esporte: histórico e áreas de atuação e pesquisa. *Revista Psicologia Ciência e Profissão*, vol. 19, nº 3, Brasília, 1999. Disponível em: <http://www.scielo.br/scielo.php?pid=S1414-98931999000300007&script=sci_arttext> Acesso em: 12 mai. 2015.

________ Da psicologia do esporte que temo a psicologia do esporte que queremos. *Revista Brasileira de Psicologia do Esporte*. v.1, n.1. São Paulo, 2007. Disponível em: <http://pepsic.bvsalud.org/scielo.php?script=sci_arttext&pid=S1981-91452007000100007> Acesso em 02.jun 2016

________ Análise social do fenômeno esportivo o papel do psicólogo. In: Rubio, K. *Psicologia do Esporte Aplicada*. 2ª ed. p.15-31. São Paulo: Casa do Psicólogo. 2010.

________ O trajeto da Psicologia do Esporte e a formação de um campo profissional. In: Rubio, K. *Psicologia do esporte: interfaces, pesquisa e intervenção*. 1ª ed. P 15-28. São Paulo: Casa do Psicólogo, 2000.

Samulski, D. Introdução à psicologia do esporte. In: Samulski, D. *Psicologia do Esporte*. 1º ed. Capítulo 1, P.1-18. São Paulo: Ed Manole. 2002.

Vissoci, J.; Vieira, L.; Oliveira, L. Avaliação Psicológica no esporte. In: *I encontro regional de psicologia Cesumar*, 2009, Maringá. Anais I encontro regional de psicologia Cesumar, 2009. v. 1. p. 35-37. Disponível em: <http://www.cesumar.br/curtas/psicologia2008/trabalhos/AVALIACAO_PSICOLOGICA_NO_ESPORTE.pdf> Acesso em: 2 jun. 2016

Weinberg, R.; Gould, D. *Foundations of Sport and Exercise Psychology*. Champaign: Human Kinetics. 2015.

A teoria das representações sociais e o fenômeno esportivo: uma leitura possível

Daniele Muniz de Lima Granja

Este texto não tem a pretensão de introduzir as representações sociais do esporte como um dado a ser analisado ou como uma constatação. Trata-se, sobretudo, de uma tentativa de utilizar as proposições teóricas das representações como suporte conceitual para compreender o fenômeno esportivo. Dessa maneira, é possível ampliar o debate sobre o fenômeno através de um arcabouço teórico rico e complexo que abrange aspectos tanto de natureza psicológica quanto sociológica.

Ao mergulhar no campo das representações do esporte, podemos compreender o processo de elaboração de sentidos e significados que damos à prática esportiva, além do modo como esses saberes circulam e se ancoram na vida cotidiana orientando nossas visões de mundo e relações com o esporte.

Representação: uma atividade essencialmente humana

Antes de apresentar o aporte teórico das representações sociais, faz-se necessário entrar em contato com a dimensão representacional enquanto processo integrativo de funções cognitivas engendradas na dinâmica social que é fundamental à vida humana. É a capacidade de representar que nos torna diferentes das demais espécies.

Representar, ou seja, tornar presente o que de fato está ausente por meio do uso de símbolos, é, segundo Jovchelovicth (2008), fundamental para o desenvolvimento ontogenético da criança. Através da representação, importantes processos do desenvolvimento humano, como aquisição da linguagem, elaboração dos raciocínios lógico, numérico, espacial e abstrato, assim como o estabelecimento das inter-relações que constituem a ordem social, desenvolvem-se.

A representação marca, segundo Piaget (1976,1991), a transição da inteligência sensório-motora para a inteligência simbólica, isto é, quando a criança dispõe de uma representação do objeto e de suas relações espaciais e causais com outros objetos e é capaz de reconstruir, mentalmente, deslocamentos que não tenha visto. Dessa forma, pode-se dizer que a realidade do mundo humano é, em sua totalidade, feita de representação (JOVCHELOVICTH, 2008).

Contudo, é muito raro encontrar representações que se pretendam apresentar como cópias fiéis da realidade, como postula Vygotsky (2003). Ele defende que, enquanto sujeito do conhecimento, o homem não tem acesso direto aos objetos, mas acesso mediado, através de recortes do real operados pelos sistemas simbólicos que dispõe. Para Vygotsky, o ser humano se relaciona com o mundo numa relação mediada, não direta. Ou seja, a construção do conhecimento é vista como uma interação mediada por várias relações.

Por se tratar de uma interação mediada, os agentes da cultura exercem grande influência no conteúdo simbólico representado. Mesmo diante de um aparente consenso dentro de um grupo cultural, as relações *ingroup* são afetadas pelo dinamismo histórico e acabam quebrando paradigmas e rompendo tradições, gerando, consequentemente, representações alternativas (JOVCHELOVITCH, 2008).

As representações não são apenas elaborações cognitivas de vários indivíduos reunidos numa cultura. Para Jovchelovitch (2008, p.35), "elas implicam um trabalho simbólico que emerge das inter-relações Eu, outro, objeto-mundo e, como tal, têm o poder de significar, de construir sentido, de criar realidade. "

Nesse sentido, a representação é concebida como um processo simbólico que envolve aspectos da vida cotidiana desenvolvidos na teia social juntamente com os arranjos derivados desse movimento entre diversos grupamentos humanos. Essa dinâmica fomenta a comunicação dialética entre aspectos idiossincráticos e dimensões de alteridade. Dessa forma, constrói-se um referencial para orientar os conhecimentos produzidos no cotidiano e a interpretação deles, assim como os projetos de identidade social dos atores envolvidos no processo.

À vista disso, pode-se compreender porque as representações são sociais e não somente derivadas de processos mentais internos de natureza cognitiva. Esse entendimento nos alerta para a consideração de contextos socioculturais nos quais as representações são originadas, elaboradas e transmitidas, como a política e as condições econômicas e sociais, dentre outros determinantes.

Esse aspecto nos ajuda a entender a dinamicidade da produção representacional em diferentes contextos socioculturais. Ademais, é através da análise do sentido que podemos compreender a razão pela qual inúmeras pessoas, dotadas de características individuais em diferentes enquadramentos históricos e circunstâncias variadas, elaboram distintas percepções, conteúdos, metáforas, ícones e símbolos do real (JOVCHELOVITCH, 2008).

A função simbólica das representações é a responsável pela elaboração de sentidos e pela construção do real, como afirma Jovchelovitch (2008, pp. 37-38.):

> É com base na função simbólica das representações — o fato de que a representação usa símbolos para significar, para dar sentido ao real e ao mesmo tempo para estabelecê-lo — que podemos compreender tanto seu poder de construir a realidade como as limitações de concepções empiricistas que assumem a existência de ordens empíricas como um *a priori*.

Logo, ao pensar o processo de representação na perspectiva da psicologia social, deve-se considerar tanto os aspectos cognitivos ligados à elaboração de sentidos quanto o contexto sociocultural e as implicações históricas, dialéticas, normativas e contextuais como dimensões substanciais da atividade representacional. Nessa direção, Jovchelovitch (2008) reitera o caráter psicossocial desse domínio teórico ao afirmar que ambos — significação e contexto social — oferecem as lentes teóricas com as quais este campo tenta responder questões relacionadas à produção e à transformação do saber.

A Teoria das Representações Sociais

O campo de estudos das Representações Sociais foi inaugurado por Serge Moscovici na década de 1960, quando apresentou sua obra *La psychanalyse, son image et son public,* um estudo sobre as representações sociais da psicanálise entre a população parisiense.

Moscovici estava interessado no processo de apreensão do conhecimento psicanalítico pelo senso comum. Em como um saber científico e especializado como a psicanálise passa a fazer parte das dinâmicas de interação e comunicação de determinado grupo social, sendo incorporado ao cotidiano desse grupo.

Esses conhecimentos, conceitos e teorias do dia a dia são os temas de maior interesse de Moscovici, as chamadas *teorias do senso comum.* De acordo com Jovchelovitch (2008), a teoria das representações sociais tem uma significativa importância não somente no que diz respeito aos saberes sociais em si, mas em como esses saberes são produzidos e acomodados na sociedade. O papel das minorias é fundamental nesse processo, pois elas transformam o conhecimento, rompem tradições e fazem da apreensão do saber um processo dinâmico.

Quando os indivíduos se encontram para falar, expressar suas opiniões, argumentar, discutir o cotidiano, produzir e difundir conhecimento sobre o mundo, esses saberes passam a orientar seus comportamentos e do grupo ao qual pertencem, bem como suas relações individuais e com os outros grupos. Segundo Sá (1996), as representações sociais acontecem em todos os lugares onde as pessoas se encontram formalmente e se comunicam:

> No café da manhã, no almoço e no jantar, nas filas do ônibus e do supermercado; no trabalho, na escola e nas salas de espera; nos saguões, nos corredores, nas praças e nos bares e botequins, em pé ou sentado, para um cafezinho, um *happy hour,* ou uma noitada "jogando conversa fora". Faz simplesmente parte da vida em sociedade (p.26).

Para Moscovici, a vida cotidiana ganha relevância permitindo que a elaboração de sentidos e a apreensão do conhecimento pelas pessoas comuns desloque-se da marginalidade para o status de saber legítimo. Para compreender melhor a proposta desse novo campo teórico, Jodelet (2001) reforça a ideia das representações sociais sendo designadas como saber de senso comum, saber ingênuo ou natural que se diferem de outras formas de conhecimento, como o saber científico. Contudo, ressalta que apesar dos sentidos que possa sugerir, trata-se de um objeto de estudo tão legítimo quanto o saber científico, pois relaciona-se a processos cognitivos e de interação social. Esse aspecto também é endossado por Jovchelovitch (2008): "pode ser um tipo de conhecimento diferente do conhecimento científico, tecnológico, mas não é menos sábio nas práticas e questionamentos que ele contém" (p.94). A autora também problematiza a questão do saber comum enquanto objeto de estudo das representações sociais:

> O termo saber social pode se referir a qualquer conhecimento, mas a teoria está especificamente interessada no fenômeno das representações sociais, que compreende os saberes produzidos na e pela vida cotidiana. Neste sentido, a teoria das representações sociais pertence a uma tradição que chamo de fenomenologia da vida cotidiana, preo-

> cupada em compreender como pessoas comuns, comunidades e instituições produzem saberes sobre si mesmas, sobre os outros e sobre a multidão de objetos sociais que lhes são relevantes (JOVCHELOVITCH, 2008, p.87).

É justamente o processo de apreensão dos dados do real e de elaboração de saberes e sentidos que a teoria das representações sociais tenta investigar. A representação não está desvinculada da estrutura sócio-histórica de determinado grupo social. As representações se estabelecem dentro de uma teia de inter-relações que servem de referencial para a construção de uma realidade simbólica, como postula Jovchelovitch (2008). Dessa forma, a busca incessante do homem por sentido e coerência move o mundo e faz das representações um processo dinâmico com renovação constante.

> Pela representação, indivíduos e comunidades não apenas representam um determinado objeto e um estado de coisas no mundo, mas também revelam quem são e o que consideram importante, as inter-relações em que estão implicados e a natureza dos mundos sociais que habitam (JOVCHELOVITCH, 2008, p.38).

A proposta de Moscovici faz da teoria das representações sociais um referencial teórico bastante inovador, pois, ao relacionar aspectos de ordem individual e social, encerra, de vez, a dicotomia *indivíduo x sociedade*. O psicológico e o social passam a fazer parte de um mesmo domínio, a saber, a Psicologia Social. Dentro da perspectiva psicossociológica, os indivíduos são produtos e produtores da sociedade. Eles participam ativamente da vida social produzindo e comunicando suas representações.

Dessa forma, de acordo com a teoria das representações sociais, tanto os fatores psicológicos como os sociais interagem de forma dialética de modo a produzirem conhecimentos sobre a realidade.

A extensa caracterização do campo das representações sociais reflete a complexidade conceitual da teoria. Sá (1996) afirma que apesar de aparentar uma simplicidade na captura da realidade das representações, sua conceituação é tarefa difícil. Por esse motivo, Moscovici evitou apresentar uma definição final, pois acarretaria num reducionismo conceitual. Ainda assim, esboçou uma ideia geral do que seriam as representações sociais:

> Por representações sociais, entendemos um conjunto de conceitos, proposições e explicações originado na vida cotidiana no curso de comunicações interpessoais. Elas são o equivalente em nossa sociedade, dos mitos e sistemas de crenças das sociedades tradicionais; podem também ser vistas como a versão contemporânea do senso comum (MOSCOVICI, 1981, p.118 *apud* SÁ, 1996, p. 31).

Mais tarde, outros teóricos, discípulos de Moscovici, empenharam-se na tarefa de tentar estabelecer uma conceituação do campo. Jodelet (1989 p.36 *apud* SÁ, 1996, p.32) define as representações sociais como "uma forma de conhecimento, socialmente elaborada e partilhada, com um objetivo prático, e que contribui para a construção de uma realidade comum a um conjunto social".

Para Doise (1990, p.125 *apud* SÁ, 1998, p.33), as representações sociais seriam "princípios geradores de tomadas de posição ligadas a inserções específicas em um conjunto de relações sociais, os quais organizam os processos simbólicos que intervêm nessas relações".

Segundo Abric (1994, p.13, *apud* SÁ, 1996, p.36), as representações são "o produto e o processo de uma atividade mental pela qual um indivíduo ou um grupo reconstitui o real com que se confronta e lhe atribui uma significação específica".

Por fim, Wagner (1998, p.4) as define como um conteúdo mental estruturado, ou seja, "um conteúdo cognitivo, avaliativo, afetivo e simbólico sobre um fenômeno social relevante, que toma a forma de imagens ou metáforas, e que é conscientemente compartilhado com outros membros do grupo social."

A fim de tornar a conceituação da teoria mais inteligível, Moscovici propõe a delimitação de dois universos distintos de pensamento, o *universo reificado* e o *universo consensual*. No universo reificado circulam as ciências e o pensamento erudito, caracterizados por objetividade, rigor metodológico e especialização. No universo consensual, por outro lado, circulam opiniões, onde os discursos fazem sentido, ou seja, onde se produzem as representações sociais e se dá a unificação do pensamento através da linguagem (MOSCOVICI, 2003).

A linguagem possui papel fundamental no processo de formação das representações. Através da conversação (linguagem falada), é possível criar "nós de estabilidade" (MOSCOVICI, 2001, p.51) que permitem a partilha de ideias e imagens. A conversação favorece a união e consolidação do grupo.

Diferenciando o universo reificado do universo consensual (representações) (MOSCOVICI, 2003, p.52),

> [...] a finalidade do primeiro é estabelecer um mapa das forças, dos objetos e acontecimentos que são independentes de nossos desejos e fora de nossa consciência e aos quais nós devemos reagir de modo imparcial e submisso. Pelo fato de ocultar valores e vantagens, eles procuram encorajar precisão intelectual e evidência empírica. As representações, por outro lado, restauram a consciência coletiva e lhe dão forma, explorando os objetos e acontecimentos de tal modo que eles se tornam acessíveis a qualquer um e coincidem com nossos interesses imediatos.

Portanto, a finalidade de todas as representações sociais é tornar familiar algo não-familiar (MOSCOVICI, 2003). De acordo com o precursor da teoria,

> [...] os universos consensuais são locais onde todos querem sentir-se em casa, a salvo de qualquer risco, atrito ou conflito. Tudo o que é dito ou feito ali apenas confirma as crenças e as interpretações adquiridas, corrobora mais do que contradiz, a tradição [...]. Em seu todo, a dinâmica das relações é uma dinâmica de familiarização, onde os objetos, pessoas ou acontecimentos são percebidos e compreendidos em relação a prévios encontros e paradigmas. Como resultado disso, a memória prevalece sobre a dedução, o passado sobre o presente, a resposta sobre o estímulo e as imagens sobre a realidade (MOSCOVICI, 2003, pp. 54-55).

No entanto, a formação de representações sociais depende de dois processos: a ancoragem e a objetivação. É através deles que se torna possível a transformação do não-familiar em familiar. As representações dão forma, categorizam e convencionalizam objetos (MOSCOVICI, 2003).

Se por um lado por meio da ancoragem é possível classificar e dar nome às coisas, por outro, através da objetivação, é possível materializar uma abstração. Ou seja, de acordo com Moscovici (2003, p.61), a ancoragem "[...] é um processo que transforma algo estranho e perturbador em nosso sistema particular de categorias e o compara com o paradigma de uma categoria que nós pensamos ser apropriadas". Já a objetivação "[...] é descobrir a qualidade icônica de uma ideia ou ser impreciso; é reproduzir um conceito em uma imagem" (MOSCOVICI, 2003, pp.71-72).

Nesse sentido, Jodelet (2001) considera as representações como sistemas de interpretação que regem nossa relação com o mundo e com os outros. Ou seja, as representações sociais são "[...] produto e processo de uma atividade de apropriação da realidade exterior ao pensamento e de elaboração psicológica e social dessa realidade" (p.22).

Ampliando o debate, Palmonari & Cerrato (2011) colocam em discussão o caráter explicativo das representações sociais. Segundo eles, pelas representações sociais é possível explicar o que une as pessoas a um grupo ou a uma sociedade e o que as faz agir em conjunto. "Com o objetivo de permaneceram unidas, as pessoas criam instituições e seguem um conjunto de regras, que determinam um sistema de crenças e de representações compartilhadas próprias de sua cultura" (PALMONARI & CERRATO, 2011, p. 317).

Jovchelovitch (2008) apresenta a relação entre os laços comunitários e a importância da comunicação na manutenção desses vínculos. Para a autora,

> [...] a comunidade não é nem uma totalidade homogênea, nem um agregado de átomos individuais. Ela é um campo de tensões e inter-relações que permanece um todo inacabado, sempre aberto à mudança desde dentro e de fora. [...] As questões implicadas na formação do estar junto em agrupamentos humanos pressupõe interações entre o Mesmo e o Outro, entre a semelhança e a diferença que são repletas tanto de identificação e reconhecimento, como de dissensão e exclusão (JOVCHELOVITCH, 2008, pp. 132-133).

A autora ainda enfatiza que o conhecimento produzido pela comunidade gera laços que contribuem na formação de uma pertença. As narrativas individuais e comunitárias se entrelaçam de tal maneira que quando uma história de vida é contada, ela vem carregada de todo o aparato cultural de uma comunidade (JOVCHELOVITCH, 2008). É a partir dessas inter-relações que o mundo da vida ganha forma através da linguagem.

Palmonari & Cerrato (2011) também enfatizam a importância da comunicação e interação no processo de homeostase grupal:

> Para Moscovici, a demonstração teórica das representações sociais se baseia na necessidade existente em indivíduos e grupos sociais de se comunicarem, de que o conhecimento social circule e seja comunicado entre os seus membros para manter a homeostase e o equilíbrio

> [...] Não há representação individual que tenha forma ou estabilidade e nenhuma conduz ao consenso. Somente a circulação das opiniões e pressões do grupo produz a difusão e a comunalidade necessárias para que as representações tomem forma e adquiram estrutura (PALMONARI & CERRATO, 2011 pp. 317-318).

A comunicação ocupa um lugar de grande relevância na Teoria das Representações Sociais. Em seu estudo sobre as representações sociais da psicanálise, Moscovici evidenciou os diferentes sistemas de comunicação existentes na relação mantida entre a imprensa francesa e seus leitores. Os três sistemas são os seguintes: difusão, propagação e propaganda.

A primeira instância, a *difusão*, caracteriza-se pela ausência de diferenciação entre a fonte e os receptores, ou seja, o objetivo principal era desenvolver um interesse comum sobre um dado assunto. Característico da imprensa de grande circulação (SÁ, 1996).

A *propagação*, relacionada à imprensa católica, é, segundo Moscovici (1988 *apud* SÁ, 1996), caracterizada pela tentativa de expandir sua visão de mundo, acomodando outras perspectivas ao seu próprio sistema.

A *propaganda*, típica da imprensa comunista, objetivava antagonizar supostos conhecimentos falsos e verdadeiros, sendo os verdadeiros os seus (SÁ, 1996).

Segundo Moscovici (1988 *apud* SÁ, 1996), existem três tipos de representações: as hegemônicas, emancipadas e polêmicas.

As *representações hegemônicas* são partilhadas por todos os membros de um grupo muito estruturado (cidade, nação, partido) sem terem sido produzidas por esse grupo. São uniformes e coercitivas. Conferem estabilidade e homogeneidade ao grupo, ou seja, são as representações coletivas de Durkheim.

Já as *representações emancipadas* resultam do intercâmbio entre subgrupos, da circulação do conhecimento e partilha de ideias dentro de um contato mais estreito. As representações emancipadas podem adquirir autonomia e serem apropriadas por outros grupos.

Por fim, as *representações polêmicas* são geradas no curso de conflitos sociais, mas não são compartilhadas pela sociedade de como um todo.

A base da teoria proposta por Moscovici estão relacionadas às representações emancipadas.

Entretanto, para que exista de fato o fenômeno das representações, algumas condições se fazem necessárias. Ao contrário do que a amplitude do conceito possa sugestionar, nem tudo é representação social. Um objeto pode ser representado por alguns grupos e não por outros. Alguns objetos podem apenas gerar opiniões e não representações. De acordo com Valla (1993, *apud* SÁ, 1996), isso se deve ao fato de que existem processos como: *a) a dispersão da informação* — a informação que circula não é claramente definida, não circula da mesma forma entre os grupos sociais. b) *focalização* — depende dos recursos, interesses e motivos de um dado grupo social sobre determinado objeto. c) *pressão à inferência* — a posição tomada deve seguir os interesses do grupo; é exercida pela urgência dos problemas associados ao objeto ou por situações externas ao grupo.

Além dos pressupostos acima citados, as representações sociais servem a quatro finalidades específicas. Abric (1994, *apud* SÁ, 1996) sistematizou as funções das representações da seguinte maneira:

> A) *Funções de saber* — permitem compreender e explicar a realidade [...] condição necessária para a comunicação social [...] definem o quadro de referência comum que permite a troca social, transmissão e difusão do saber "ingênuo". B) *Funções identitárias* — definem a identidade social e sustentam a especificidade do grupo [...] permite a elaboração de uma identidade social e pessoal que seja compatível com o sistema de normas e de valores social historicamente determinados. C) *Função de orientação* — guiam os comportamentos e práticas. D)

Função justificatória — permitem justificar a *posteriori* as tomadas de posição e os comportamentos (ABRIC, 1994 *apud* SÁ, 1996, p. 44).

A Teoria das Representações Sociais, em função de sua complexidade, desdobra-se em pelo menos três abordagens, como pontua Sá (1998): a primeira é uma continuidade da obra original, tem um viés antropológico e sido mais difundida por Jodelet (2001); a segunda, através de Doise (1990), cujo foco são as condições de produção e circulação das representações sociais; e a terceira, liderada por Abric (1998), dá ênfase à dimensão cognitivo-estrutural conhecida como Teoria do Núcleo Central.

Por fim, cabe ressaltar que as representações sociais se referem tanto a uma teoria como a um fenômeno (JOVCHELOVITCH, 2008). Elas são uma teoria na medida em que conseguem organizar conceitualmente elementos visando a explicação de como os saberes sociais são produzidos e transformados em processos de comunicação e interação social. Ao mesmo tempo são um fenômeno pois articulam ideias, valores e práticas de grupamentos humanos, assim como conectam os processos sociais e comunicativos que produzem e reproduzem.

Dessa forma, pode-se afirmar que a teoria das representações sociais deve ser compreendida não apenas como uma psicologia social dos saberes, mas também como uma teoria sobre como novos saberes são produzidos e acomodados no tecido social (JOVCHELOVITCH, 2008). Isto requer a teorização do papel de minorias inovadoras, capazes de romper tradições sugerindo novas formas de enxergar o mundo e a nós mesmos, bem como introduzindo novas práticas.

O esporte como fenômeno de representação social

O esporte, desde a pré-história, quando se caracterizava como uma atividade de caça, até os dias atuais, considerado um fenômeno social, acompanha as transformações da sociedade. Os modos de organização dos diferentes povos se refletem, portanto, nas práticas esportivas e de atividade física.

Desse modo, o esporte assume um importante papel na produção de conhecimentos sobre o manejo do corpo, ritos e cerimônias, além da transmissão de valores circunscritos na vida em sociedade.

O caráter simbólico atribuído às práticas e rituais esportivos ganhou significativos contornos em diferentes períodos da história. Na Antiguidade, por exemplo, o esporte era compreendido pelo homem grego como um meio de formação do indivíduo. Podia ser tratado sob cunho militar, pedagógico e medicinal (MACHADO, 2006). Nesse contexto, a elaboração de sentidos sobre a prática esportiva ancorava-se nos princípios da educação grega, *paidéia*, que preparava o homem baseado nos fundamentos da *areté*. Essa palavra, embora não tenha tradução exata, significa virtude, excelência. Portanto, somente o homem equilibrado e perfeito poderia alcançar esse estado (MACHADO, 2006).

Ampliando a discussão, Rubio (2001) afirma que o esporte era considerado um dos três pilares da educação da criança e do jovem, juntamente com as letras e a música.

A autora ainda destaca que os atletas que conseguiam o direito de disputar os Jogos Olímpicos eram considerados cidadãos diferenciados, tornando-se motivo de orgulho para sua família e sua cidade. Aqueles que saíam vitoriosos das competições eram premiados com coroas de louro, isenções de impostos, escravos, pensões vitalícias, além de poderem gozar dos prestígios sociais que suas conquistas proporcionavam. Os feitos atléticos elevavam os vencedores ao nível de heróis mitológicos. Seus nomes eram impressos em documentos e praças públicas e seus feitos eram muito celebrados não somente por aquela geração, mas pelas gerações seguintes (RUBIO, 2001).

Esse modelo, entretanto, aos poucos foi sendo ressignificado. Novas representações foram surgindo e se consolidando no processo de comunicação entre os povos. Paulatinamente, ao longo do século III a.C. até o ano de 393 da era atual os ideais de virtude foram perdendo espaço para brutalidade, vitória a qualquer custo, violência, fraudes, e toda sorte de deslealdade, culminando com o decreto do Rei Teodósio I, por sugestão do bispo de Milão, San Ambrósio, exigindo a extinção dos Jogos por considerá-los uma festa pagã (MACHADO, 2006).

Vários séculos se passaram desde a proibição dos Jogos Olímpicos, em 393 d.C. Foi somente no século XIX que a prática esportiva voltou a fazer parte das manifestações socioculturais da Europa.

O século XIX passou por transformações políticas e sociais iniciadas no século anterior, como Iluminismo, a Revolução Industrial e a Revolução Francesa, deixando marcas em todos os campos da cultura. Esse movimento de inovação abriu caminho para a elaboração de novos campos representacionais. O esporte enquanto fenômeno sócio-histórico-cultural acompanhou essa dinâmica.

É importante ressaltar que o fenômeno esportivo como se conhece na atualidade teve origem no seio da sociedade urbana e industrial inglesa. Autores como Rubio (2005) creditam a evolução do esporte moderno às influências deixadas pela Revolução Industrial, pelo liberalismo, tendo o capitalismo como modelo a ser seguido.

Os *sistemas ginásticos*, característicos do século XIX, vinculavam a prática da atividade física à defesa dos Estados Nacionais, ou seja, o preparo do corpo como elemento de guerra era prioridade nesse contexto bélico fomentado pelo liberalismo. O objetivo principal era a formação de soldados para defender a nação dos perigos da guerra. Entretanto, as diversas mudanças que aconteciam ao longo do século XIX, principalmente na Inglaterra, conferiram sentidos outros à prática de atividades físicas.

A Inglaterra era considerada a maior potência política e econômica do século XIX. Dominava vários territórios nos continentes africano, americano e asiático e exportava juntamente com seus produtos e tecnologias (ferrovias, máquinas, tecidos, etc.) seus valores e sua cultura. O esporte se desenvolve nesse contexto como argumento para formar o caráter dos futuros dirigentes sociais. Ou seja, como parte da estratégia de controle das atividades dos adolescentes das classes dominantes (RUBIO, 2005).

O esporte, então, assume um papel normatizador. Um instrumento para a apreensão de condutas e regras a serem seguidas. Suas características favorecem a internalização de valores muito importantes para a sociedade daquela época. Starepravo & Nunes consideram como características dos esportes modernos regras escritas e sanções intrajogo bem definidas; presença de árbitros para conduzir as disputas, de órgão centralizador de elaboração e fiscalização das regras.

O esporte da sociedade industrial é portador de características como a determinação do melhor concorrente e a possibilidade de medição e comparação das performances (HIRATA & PILATI, 2007). Dessa forma, pode-se dizer que o esporte se torna uma metáfora do sistema capitalista de produção.

Outro marco significativo na formação de representações do fenômeno esportivo se deu na virada do século XIX para o século XX através do Movimento Olímpico idealizado por Pierre de Fredy, mais conhecido como Barão de Coubertin. Segundo Rubio (2001), o Barão objetivava, ao tentar reorganizar os jogos, remontar os valores pedagógicos do esporte grego. Suas maiores preocupações estavam relacionadas ao culto ao corpo e à prática da atividade física, além da valorização da competição leal e sadia.

Em 25 de novembro de 1892, foi apresentado pela primeira vez o projeto de restauração dos Jogos Olímpicos. No entanto, somente em junho de 1894, durante um congresso esportivo-cultural, o projeto foi aceito, dando origem também ao COI — Comitê Olímpico Internacional (RUBIO, 2001). A ideia inicial do Barão era realizar a primeira edição dos Jogos em Paris em 1900, para comemorar a virada do século. Contudo, as competições acabaram acontecendo no ano de 1896 em Atenas para fazer uma alusão aos mentores dos jogos originais, os gregos (RUBIO, 2002; 2005).

Ao Comitê Olímpico Internacional cabia a organização dos Jogos, assim como a normatização das modalidades. O COI é constituído por representantes de várias nacionalidades. Sua proposta inicial baseava-se em princípios como autonomia e total desvinculação política e partidária. Como o intuito de organizar e estruturar uma prática que fosse norteadora da instituição, foi elaborado um documento pelo próprio Coubertin, intitulado Carta Olímpica, em aproximadamente 1898.

Na Carta Olímpica constavam os princípios norteadores dos Jogos Olímpicos. Nela pode-se encontrar o conjunto de valores que rege o Olimpismo até os dias de hoje, sugerindo a representação do esporte nesse momento da história. O próprio conceito de Olimpismo é apresentado na carta, no Princípio Fundamental número 2:

> O Olimpismo é uma filosofia de vida que exalta e combina em equilíbrio as qualidades do corpo, espírito e mente, combinando esporte com cultura e educação. O Olimpismo visa criar um estilo de vida baseado no prazer encontrado no esforço, no valor educacional do bom exemplo e no respeito aos princípios éticos fundamentais universais (CARTA OLÍMPICA, 2007, p. 5).

No Princípio Fundamental número 3, ela apresenta os objetivos do Olimpismo:

> O objetivo do Olimpismo é colocar em toda a parte o esporte a serviço do desenvolvimento harmonioso do homem, na perspectiva de encorajar o estabelecimento de uma sociedade pacífica preocupada com a preservação da dignidade humana. Neste sentido, o Movimento Olímpico se engaja sozinho ou em cooperação com outras organizações e dentro do limite dos seus meios, em ações para promover a paz (CARTA OLÍMPICA, 2007, p.5).

Ainda dentro dos objetivos, pelo Princípio Fundamental número 6:

> O Objetivo do Movimento Olímpico é contribuir para a construção de um mundo melhor e pacífico pela educação da juventude através do esporte praticado sem discriminação de qualquer tipo e no espírito Olímpico, o qual requer entendimento mútuo com um espírito de amizade, solidariedade e *fair-play* (CARTA OLÍMPICA, 2007, p.5).

A Carta Olímpica e o conceito de Olimpismo são, portanto, os fios condutores de toda a ideologia dos Jogos da Era Moderna. Embutidos nesses princípios estão os conceitos de *fair-play* e amadorismo. Talvez essas tenham sido as ideias mais defendidas pelo Barão e a base de todo o Movimento Olímpico.

Contudo, como a história é dinâmica, mesmo diante da normatização do esporte através desse documento, pode-se perceber uma negociação de sentidos acerca desses princípios norteadores originando novas representações ao longo do século XX e consequentemente do século XXI.

O capitalismo e a globalização contribuíram para o desenvolvimento de novas relações com a prática esportiva, que se caracterizava no início do século XX como atividade amadora quase exclusiva das classes sociais mais abastadas. Gradativamente, o fenômeno esportivo acompanhou transformações e acontecimentos desse século, como as duas grandes guerras, o nazismo, a guerra fria, o surgimento dos meios de comunicação de massa e o advento de novas tecnologias.

Dentro desse contexto, as indústrias de entretenimento e de consumo, ávidas por atrair novos expectadores e consumidores, trataram de espetacularizar as manifestações culturais transformando-as em produto de consumo de massa. Dentre esses produtos está o esporte. Os atletas, assim como as competições, passaram a ser considerados produtos de consumo. Com a transformação do esporte em *megaeventos*, os atletas ganharam a notoriedade de astros e estrelas. Hoje são considerados grandes celebridades e possuem contratos milionários com seus clubes e patrocinadores.

Essa conversão do esporte em espetáculo ganhou força com a expansão do marketing esportivo. Autores como Hirata & Pilatti (2007) traçam as seguintes considerações sobre esse processo:

> Por um lado, o aumento do tempo livre dos trabalhadores faz surgir a demanda por opções de lazer e o esporte, pelas emoções que transmite, torna-se uma mercadoria muito procurada. Paralelamente, ocorrem as inovações tecnológicas dos meios de comunicação de massa, que possibilitam a transmissão de espetáculos para uma multidão de pessoas em tempo real. Esses milhões, às vezes bilhões, de telespectadores motivam os empresários a divulgar suas marcas e produtos junto ao esporte por acreditarem ser uma maneira eficaz de incrementar sua publicidade (p.5).

Dessa maneira, o fenômeno esportivo adentra o século XXI introduzindo novas negociações de sentidos. Rompe-se o paradigma introduzido no início do século passado, do esporte enquanto prática amadora e de tempo livre norteada pelos princípios do *fair-play* e *olimpismo*, para se ancorar como atividade lucrativa que atende as exigências de mercado do mundo globalizado e altamente competitivo.

Caracterizá-lo enquanto fenômeno de representação social é reconhecer seu potencial para produção de saberes difundidos nas teias de intercomunicações que atravessam as culturas. Tanto indivíduos quanto grupos sociais se esforçam na tentativa de apreensão do real conferido diferentes sentidos ao esporte ao longo da história.

Através dos processos de comunicação circulam conhecimentos, valores e rituais acerca do esporte que orientam as práticas de atletas e não atletas. O fenômeno representacional no contexto esportivo está presente nos estádios, ginásios e arenas, bem como nas filas dos bancos, nos pontos de ônibus, ruas e praças, ou seja, na vida cotidiana. As representações sociais do fenômeno esportivo orientam nossa visão de mundo sobre esse objeto tornando a tarefa de apreensão da realidade um processo dinâmico e inovador que atravessa os tempos.

Considerações Finais

O esporte, como fenômeno social, integra diferentes aspectos da cultura. Dessa maneira, torna-se um elemento agregador, capaz de reunir as produções simbólicas e linguísticas e os acontecimentos sociais. Através das práticas sociais relacionadas ao esporte é possível compreender os modos de produção de subjetividade e os sistemas de valores e crenças no mundo contemporâneo.

Ao compreender o fenômeno esportivo em sua complexidade deve-se considerar, além da atividade física/atlética, as dimensões identitárias, os vínculos afetivos, aspectos financeiros e econômicos, tecnológicos e toda a engrenagem no qual o esporte se circunscreve. Ele carrega consigo os significados importantes da sociedade contemporânea tal como discutido por Almeida & De Rose (2010).

Dessa forma, pode-se dizer que o fenômeno esportivo é produto e produtor da cultura. Ele faz parte desse processo representacional dinâmico. A elaboração simbólica permite a construção de saberes e sincronicamente a interação entre os diferentes atores e agentes da cultura garante novos arranjos dando origem a diferentes sentidos e valores.

As representações sociais do esporte enquanto fenômeno são, nesse sentido, constituídas dentro das relações sócio-histórico-culturais. As negociações de sentido seguem numa dialética garantindo, ao mesmo tempo, estabilidade e mudança.

Referências Bibliográficas

ALMEIDA, M. A. B.; DE ROSE, D. Fenômeno esporte: relações com a qualidade de vida. In: VILARTA, R.; GUTIERREZ, G. L.; MONTEIRO, M. I. *Qualidade de vida: evolução dos conceitos e práticas no século XXI*. Campinas: IPES, 2010.

COMITÊ OLÍMPICO INTERNACIONAL. *Carta Olímpica*. Lausanne: Comitê Olímpico Internacional (2001).

HIRATA, E.; PILATTI, L. Modernidade e a Indústria do Entretenimento: o produto esporte moderno. *Revista Digital EF y Deportes* (1 de 7), 2007. Acesso em 9 nov 2016.

JODELET, D. (Org). *As Representações Sociais*. Rio de Janeiro: Ed UERJ, 2001.

JOVCHELOVITCH, S. *Os contextos do saber: Representações, comunidade e cultura*. Petrópolis: Vozes, 2008.

MACHADO, R. *Esporte e Religião no Imaginário da Grécia Antiga*. Dissertação de Mestrado. Programa de Pós-Graduação da Escola de Educação Física. Universidade de São Paulo. São Paulo, 2006.

MOSCOVICI, S. *Representações Sociais: Investigações em Psicologia Social*. Petrópolis: Vozes, 2003.

PALMONARI, A. & CERRATO, J. Representações Sociais e psicologia social. In: ALMEIDA & COLS (org.). *Teoria das Representações Sociais: 50 anos*. Brasília: Techno Politick Editora, 2011.

PIAGET, J. *Seis Estudos de Psicologia*. Trad. Maria Alice Magalhães D'Amorim e Paulo Sérgio Lima Silva. Rio de Janeiro: Forense Universitária, 1991.

RUBIO, K. *O Atleta e o Mito do Herói: O imaginário esportivo contemporâneo*. São Paulo: Casa do Psicólogo, 2001.

_______. O trabalho do atleta e a produção do espetáculo esportivo. *Scripta Nova. Revista Eletrónica de Geografia y Ciências Sociales*, Universidad de Barcelona, Vol. VI, nº 119 (95), Agosto, 2002

_______. Da Europa para a América: A trajetória do Movimento Olímpico Brasileiro. *Scripta Nova. Revista Eletrónica de Geografia y Ciências Sociales*, Universidad de Barcelona, Vol. IX, nº 200, Novembro de 2005

SÁ, C. P. *Núcleo Central das Representações Sociais*. Petrópolis: Vozes, 1996.

_______. *A construção do objeto de pesquisa em representações sociais*. Rio de Janeiro. Ed. UERJ, 1998.

STAREPRAVO, F. A.; NUNES, R. S. *Surgimento do esporte moderno e o processo civilizador*. S/d. Disponível em: http://www. gpreve. cbmerj. rj. gov. br/documentos/publicacoes/surgimento_do_esport e_moderno. pdf.

VYGOTSKY, L. S. *A formação social da mente: o desenvolvimento dos processos psicológicos superiores*. São Paulo: Martins Fontes, 2003.

Wagner, W. Sócio-Gênese e Características das Representações Sociais. Trad. de Pedro H. F. Campos. In: Moreira, A. S. P. e Oliveira, D. C. de. (Orgs.) *Estudos Interdisciplinares de Representações Sociais*. Goiânia: AB, 1998.

Uma análise de gênero no futebol

Manuela Lira • Adriana Lacerda

No contexto esportivo, grandes diferenças salariais, de patrocínio e de reconhecimento ainda podem ser notadas entre homens e mulheres e, embora o atual cenário esportivo, brasileiro e mundial, seja repleto de atletas do sexo feminino, ainda existem diversos tipos de preconceitos velados direcionados a essas mulheres. Para abordar tais questões, este capítulo reúne um apanhado histórico da mulher na sociedade, no esporte e no futebol.

A mulher na sociedade

Tudo o que as mulheres vivenciaram dentro da área esportiva está completamente ligado ao contexto histórico da época. Simões (2003) defende a ideia de que tudo o que as mulheres conseguiram conquistar foi devido à ousadia delas.

Historicamente, na civilização moderna, a mulher foi colocada em lugar de submissão perante os homens. Para Teles (1999), desde a colonização do Brasil, as mulheres indígenas, negras e brancas são exploradas pelos homens, de colonizadores a pais, maridos e, até mesmo, pela igreja.

Whitaker (1988) pontua que, não muito tempo atrás, era comum a preferência pelo nascimento de meninos ao de meninas. Em algumas culturas, o nascimento de uma menina poderia ser considerado maldição ou desgraça. A autora acredita que o conhecimento desse fato pelas meninas pode diminuir a autoconfiança de quem nasce nesse contexto. Segundo sua perspectiva, ainda na gravidez, pais e mães criam uma série de expectativas relacionadas ao sexo do filho, o que nomeia "didática da gravidez". Quando se espera um menino, é possível notar uma valorização maior do bebê. Não que a menina não seja desejada — na maioria dos casos, é ela quem vai fazer companhia para a mãe, ajudar nas tarefas domésticas e cuidar dos pais na velhice. Quando se espera uma menina, ainda se atribuem características doentias ao feto, como mais inchaço e peso para a mãe, o que, teoricamente, significa um parto difícil. Além dessas características, também se atribui maior atividade e vigor ao bebê do sexo masculino e maior passividade ao do sexo feminino, o que já configura os modelos que devem ser seguidos pelos dois. Assim, como defende Simões (2003), tanto homens quanto mulheres podem ser considerados produtos de culturas diferentes, o que, muito provavelmente, continuará reforçando e reproduzindo esses costumes distintos.

Knijnik (2003) lembra que em algumas culturas o corpo da mulher, desde o início de seu desenvolvimento, é tratado como uma máquina de fazer filhos. Alonso (2003) afirma que antigamente o corpo feminino poderia ser comparado a um objeto, que servia deinstrumento para a conquista de um marido e de um pai para seus filhos.

Levando em consideração os aspectos abordados e todas as diferenças de gênero que podem ser vistas na história da mulher e, ainda hoje, na sociedade, é de extrema importância um movimento organizado que lute para conquistar cada vez mais espaço para elas, que combata todos os preconceitos, diferenças e discriminações de gênero, fazendo com que a mulher, enfim, encontre uma posição de igualdade de direitos com os homens. Daí a relevância dos movimentos feministas, que organizam protestos e criam estratégias de "empoderamento" das mulheres. Portanto, estudar a história do feminismo é de suma importância para compreender as conquistas das mulheres dentro da área esportiva.

Movimento feminista

Conforme o pensamento de Teles (1999), o feminismo pode ser definido como uma filosofia universal que afirma haver opressão contra todas as mulheres em níveis social, cultural e político.

> Os feminismos se preocupam com a situação de inferioridade que sofrem as mulheres na sociedade e da discriminação em que se encontram por razão de seu sexo. Além disso, seria possível acrescentar que todas as feministas exigem mudanças de ordem social, econômica, política e cultural para reduzir e, finalmente, superar essa discriminação contra as mulheres. (FREEDMAN *apud* TRALCI FILHO e ARAUJO, 2011, p. 18)

As grandes lutas que as mulheres tiveram que enfrentar na sociedade foram de extrema importância para que conseguissem conquistar direitos, desde o direito ao voto aos profissionais e salariais. Knijnik (2003) acredita que a conquista do espaço esportivo foi mais difícil, por ser ele considerado uma área supérflua e de menor importância pela sociedade, não sendo visto como um campo em que a mulher poderia também reafirmar sua autonomia, sendo, então, colocado em segundo plano por elas. De todo modo, Alonso (2003) pontua que, até mesmo as mulheres que não eram a favor do feminismo foram beneficiadas por ele, pois foi através de seus questionamentos que conseguiram se inserir no contexto esportivo.

> A agenda feminista, ao discutir a percepção que as mulheres tinham do próprio corpo, de sua sexualidade, dos papéis sociais designados para elas, dos postos de trabalho considerados femininos, de suas ex-

pectativas para o futuro e sua visão ideológica do mundo, contribuiu para a descoberta de um promissor campo de realizações: o mundo do esporte (ALONSO, 2003, p. 35).

Ao mesmo tempo, a inserção das mulheres na área esportiva também contribuiu para o movimento feminista, anulando a ideia de que mulheres são frágeis e não gostam de competição, como esclarece Simões (2003). Mas a igualdade entre os gêneros ainda não foi alcançada. A perspectiva de Mesquita e Nascimento (2011) aponta para a importância de se percorrer um caminho rumo às mulheres conseguindo se tornar, de fato, sujeitos históricos tanto na sociedade como no contexto esportivo.

A inserção da mulher nos Jogos Olímpicos

Segundo Rubio e Simões (1999), os Jogos Olímpicos da Antiguidade, criados em 776 a.C, não permitiam a entrada de mulheres nos estádios nem como espectadoras. Conforme assegura Cardoso (2000), após uma interrupção de mais de 1500 anos, o francês Pierre de Fredy, mais conhecido como Barão de Coubertin, propôs recriar os Jogos e, para tanto, criou uma comissão que mais tarde viria a ser conhecida como Comitê Olímpico Internacional, o COI, que permitia às mulheres ocupar somente as arquibancadas, não contando com a presença de nenhuma participante nas competições. Apenas na edição seguinte, na França, 11 atletas puderam participar, o que corresponde a menos de 1% do número total de competidores. Nascimento (2011) defende a ideia de que isso só aconteceu pelo fato de essa edição ter sido sediada no berço do movimento feminista. Rubio (2011b) corrobora essa perspectiva afirmando que não foi possível resistir às pressões sociais da época e, assim, foi permitida a participação de mulheres em algumas modalidades.

Goellner (2004a) relata que o barão era contrário à participação das mulheres por achar que elas poderiam vulgarizar o evento. Em

1925, quando renunciou ao cargo de presidente do COI, "denunciou" a "traição do ideal olímpico, pela permissão de mulheres" (CARDOSO, 2000, p. 39) nos Jogos.

Analisando as participações brasileiras em Jogos Olímpicos, Cardoso (2000) mostra que a primeira ocorreu em 1920, na Bélgica, e que toda a delegação era composta por homens. A primeira brasileira a competir, como menciona Goellner (2011), foi a nadadora Maria Lenk, em 1932, nas Olimpíadas de Los Angeles. Após Maria Lenk, outras mulheres conseguiram espaço nos Jogos Olímpicos, em um processo muito lento, como afirmam Mourão e Gomes (2004). A participação feminina não ocorria em qualquer esporte. Goellner (2004b) expõe que nos Jogos que sucederam a estreia de Lenk, toda a participação feminina foi voltada para a natação e outros esportes considerados "adequados" à prática feminina. Foi somente a partir da década de 1980 que as atletas conseguiram ganhar algum espaço em esportes antes considerados muito violentos para elas, como judô e futebol.

As mulheres foram discriminadas não somente na participação em modalidades esportivas, mas também na participação do evento em geral. De acordo com Cardoso (2000), o acendimento da tocha olímpica ilustra a abertura das Olimpíadas desde 1936, em Berlim, mas somente 32 anos depois, nos Jogos da Cidade do México, uma mulher (Enriqueta Basilio, ex-atleta mexicana) teve a honra de realizar esse feito. Depois disso, as mulheres só participaram da cerimônia em 1976, em Montreal (dividindo o posto com um homem), e em 1996, em Atlanta. Recentemente, em 2000, em Sidney, e em 2012, em Londres, mulheres também acenderam a pira[1]. O juramento olímpico, realizado desde as Olimpíadas de 1920, em Antuérpia, foi feito por uma mulher pela primeira vez em 1972, em Munique, com Heidi Schüller, do atletismo alemão. Depois disso, apenas mais uma parti-

1. Dados retirados de reportagem do Sport TV, disponível em http://sportv.globo.com/site/programas/almanaque-olimpico/noticia/2016/04/enriqueta-basilio-foiprimeira-mulher-acender-pira-olimpica-na-abertura.html. Acesso em 20 de novembro de 2016.

cipação, em 1988, em Seul. Apenas duas mulheres ocuparam o posto de porta-bandeira do Brasil nos Jogos: Sandra Pires, em Sidney, em 2000, e Yane Marques, em 2016, no Rio de Janeiro[2].

Dificuldades e limitações

Atualmente, a maior parte da sociedade está ciente de que a prática esportiva traz muitos benefícios para a saúde física e mental, além de para o processo de socialização e desenvolvimento do indivíduo. Por isso, pessoas de todos os sexos, idades e classes sociais procuram cada vez mais se envolver com diferentes tipos de exercícios.

Frente a essa realidade, pode não ser tão fácil imaginar, mas durante muitos séculos a prática de exercício físico não era comum a todos. O campo do esporte era considerado um espaço estritamente masculino, um "campo dominado por preconceitos, discriminações e ideologias machistas" (SIMÕES, 2013, p. 186). Somente na segunda metade do século XX as mulheres conseguiram começar a conquistar algum espaço dentro do esporte, mas foram ainda, por muito tempo, consideradas "usurpadoras ou profanadoras de um espaço consagrado ao usufruto masculino" (RUBIO, 2011b, p. 86). Além disso, muitas foram e são completamente ignoradas nas narrativas históricas.

> E aqui quero chamar a atenção para a seguinte afirmação: silêncio não significa ausência! Ou seja, o fato de não serem nomeadas, evidenciadas, mostradas e narradas, não significa, em absoluto, que as mulheres não estivessem, há muito tempo, presentes nas quadras, arenas, campos, parques, ginásios e ruas. Simplesmente a elas não se conferiu luz nem voz. Foram lançadas nas zonas de sombra e de esquecimento por

2. Dados retirados de reportagem do Globo Esporte, disponível em http://globoesporte.globo.com/olimpiadas/noticia/2016/07/yane-marques-vence-votacao-e-sera-portabandeira-do-brasil-na-abertura.html. Acesso em 20 de novembro de 2016.

> razões políticas, éticas, ideológicas, religiosas, culturais, entre outras. (GOELLNER, 2011, p. 6 e 7)

Não se pode pensar que isso seja algo incoerente se as crianças forem observadas. Durante a infância, meninos ganham de presente distintos itens esportivos, como bolas de futebol, uniformes do time preferido do pai, chuteiras e skates, enquanto meninas ganham bonecas e miniaturas de utensílios domésticos, o que já as coloca no lugar de mãe e dona de casa. Simões (2013) acredita que o brincar de boneca é uma estratégia utilizada no processo de socialização das meninas para reforçar o papel social de mãe. Whitaker (1988) confirma esse pensamento dizendo que, desde muito pequenas, as meninas são orientadas a brincar de casinha, ajudar a mãe a organizar a casa e/ou cuidar dos irmãos mais novos, sendo sempre recompensadas quando apresentam um comportamento mais feminino e punidas quando têm preferência por brincadeiras mais agressivas.

Porém, ao contrário do que pode parecer, entre as décadas de 1930 e 1960, a prática de esportes por mulheres era incentivada, mas nem todo esporte poderia entrar na lista de atividades — apenas os considerados compatíveis com características julgadas femininas, como recato, fragilidade, delicadeza, sensibilidade e emotividade, e que melhorassem a condição física. Para Tralci Filho (2011), a ideia por trás de tal incentivo era que, com a prática de exercícios físicos, as mulheres ficariam mais fortes e, assim, poderiam gerar filhos mais saudáveis, contribuindo para o aperfeiçoamento da raça humana.

> As mulheres não faziam atividades físicas pelo seu direito à prática ou pelo exercício de sua cidadania, mas para a construção de uma nação mais forte, com a qual elas contribuíam tendo filhos saudáveis, ou seja, exercendo aquilo que os homens consideravam sua principal função, a maternidade. (MATHIAS, 2011, pp.116-117)

Se, mesmo com todos os cerceamentos da época, a mulher conseguisse praticar esses esportes impedidos, ela passava a enfrentar outros tipos de discriminações e dificuldades, como os que dizem respeito ao comportamento e ao corpo feminino.

Festle (1996 *apud* ADELMAN, 2003) postula que além do preconceito social sofrido pela mulher, referente a suas diferenças físicas com os homens, a prática esportiva masculinizava seu corpo, o que fazia com que toda a sociedade questionasse sua sexualidade. Simões (2003) entende esses questionamentos como uma maneira de a sociedade justificar a presença das mulheres no esporte de alto rendimento e, também, de denegrir a imagem delas.

Melo, Giavoni e Tróccoli (2004) afirmam que junto à masculinização do corpo estão características vistas culturalmente como referentes ao homem, como rigidez, força, potência, determinação e agressividade. Assim, entende-se que a mulher perderia sensibilidade, delicadeza, emotividade, elegância e sensualidade, o que as tornaria menos atraentes. Como consequência, a mulher, além de necessitar provar para todos que tinha capacidade e força física compatível com a dos homens, também precisava provar o tempo todo que a prática esportiva não comprometia seu lado feminino, o que ainda pode ser observado no discurso de algumas atletas.

Em relação às atletas olímpicas brasileiras que alcançaram sucesso e reconhecimento, é possível identificar uma percepção de que seus talentos existem por seus comportamentos se assemelharem aos dos homens, já que, em entrevistas, quando perguntadas sobre suas histórias, aludem que, na infância, gostavam mais de brincar com meninos do que com outras meninas. Algumas, inclusive, conforme Mesquita e Nascimento (2011) postulam, não recebiam permissão nem da própria mãe para jogar com os meninos.

Muitas vezes acontece de a mulher atleta ter um treino mais fraco do que o do homem, ainda pela ideia de que ser mais sensível. Cortez (2004) acredita que os treinos devem sim ser diferenciados, mas apenas pelos corpos de homens e mulheres serem diferentes. Desse modo, o treino delas deve ser adequado às suas necessidades corporais, a fim desenvolver o físico e reduzir lesões. O planejamento desses treinos deve ser realizado a partir de dados científicos, e não de opiniões, o que ainda é raro na área esportiva. Justamente por essa falta de dados científicos e das particularidades do corpo feminino, ainda existe um grande receio por parte dos profissionais do esporte em se dedicar ao desenvolvimento de mulheres atletas, como expõe Simões (2003). Dessa maneira, faz-se extremamente necessário aprofundar estudos e pesquisas com atletas do sexo feminino.

Outra importante dificuldade enfrentada pelas atletas é a conciliação entre a vida profissional e a maternidade. Hobsbawm (2007) defende a ideia de que, no início do processo de emancipação das mulheres, muitas resolviam esse problema abrindo mão de ter filhos, o que acontece mesmo nos dias atuais. Samuel (2007, *apud* TRALCI FILHO, 2011) ilustra esse fato contando que abdicou da maternidade por não conseguir nem pensar na possibilidade de ser, ao mesmo tempo, jogadora de vôlei e mãe. No documentário[3] "Quero Treinar em Paz", a jogadora de basquete Alessandra Santos relata a existência de contratos com cláusulas que tiram da mulher o direito de receber seu salário caso engravide, podendo até mesmo perder o contrato. Como elas não trabalham com carteira assinada, não têm direito ao auxílio maternidade fornecido pelo governo, como pontua Virna Dias, do vôlei. Além disso, ainda existe a preocupação de como estará o desempenho da mulher após o período de afastamento dos treinos.

De qualquer maneira, existem aquelas que tentam superar as dificuldades e conciliar as duas funções. Porém, podem ser obrigadas a passar por situações ruins por conta da rotina pesada de treinamentos e das inúmeras viagens, como os próprios filhos não as reconhecerem como mães.

3. Cinco vídeos/episódios realizados pela UOL com a colaboração das ONGs feministas Azmina e ThinkOlga, disponível em www.uol/olimpiadas/especiais/querotreinarempaz. Acesso em 3 de novembro de 2016.

Ao levantar esses e outros aspectos acerca das diferenças vivenciadas por mulheres e homens na área esportiva, fica evidente o preconceito contra a mulher. Apesar disso, muitas atletas não percebem a discriminação. Freitas (2003) coloca que nem sempre a mulher atleta tem consciência da maneira como é tratada pela mídia esportiva ou pela própria sociedade. Quando indagadas sobre as divergências salariais, por exemplo, alegam que, como o homem começou a praticar o esporte há mais tempo, tem mais experiência e, assim, mais vitórias, títulos ou medalhas, o que justificaria melhores salários. O mesmo ocorre quando são questionadas a respeito de apoio material, dizendo que "os homens ganham mais e, portanto, têm mais destaque na mídia e, consequentemente, melhores patrocínios" (RUBIO, 2011b, p. 97). Levando-se em consideração que sem a total consciência de um problema não há luta para superá-lo, não existe um movimento forte e organizado de reivindicação de melhores condições de trabalho. Como se a falta de protestos e manifestações já não fosse um fator ruim para as atletas, os altos cargos das instituições regulamentadoras de esportes no Brasil são ocupados por homens. Goellner (2004b) afirma que, em 2000, na tentativa de mudar um pouco essa realidade, o COI orientou os comitês nacionais a promoverem estratégias que favorecessem a inserção de mulheres nos cargos de direção e comando, para que o mínimo de 10% do total de postos fosse atingido. Ainda assim, de 198 comitês nacionais existentes, apenas quatro possuíam mulheres em suas diretorias, e dos 151 comitês paralímpicos nacionais, apenas 15 eram presididos por mulheres.

Mesquita e Nascimento (2011) também destacam a importância de uma mudança, não somente no número de mulheres inseridas na área esportiva, conduzindo equipes e ocupando altos cargos, mas também no modo como elas se inserem, pois de nada adianta elas apenas imitarem comportamentos e atitudes dos homens. Enquanto isso não ocorre, não há desenvolvimento ou evolução.

Futebol feminino

Para se referir ao futebol praticado por mulheres, é utilizado o termo "futebol feminino". Knijnik e Vasconcellos (2003a) ponderam que, para a modalidade praticada por homens, apenas o termo futebol é utilizado, sendo compreendido. Então, consideram que o uso do adjetivo "feminino" para a modalidade praticada por mulheres é um grande erro, levando-se em consideração que só existe um futebol, uma única modalidade, que pode ser praticada pelos diferentes gêneros. Seria esse já o pontapé inicial da discriminação de gênero?

O ano de 1894 é considerado o de nascimento do futebol brasileiro. Foi quando o paulistano Charles Miller voltou com a novidade do Reino Unido, onde tinha ido estudar, trazendo as primeiras bolas e uniformes. Antes mesmo disso, havia relatos da prática do esporte em Pernambuco e São Paulo, como informa Witter (1996). O autor relata que, logo no início da prática do futebol no Brasil, apenas rapazes de classes privilegiadas e imigrantes praticavam o esporte, já que todo o material necessário era importado e era preciso dividir entre o time os recursos para adquirir chuteiras, bolas e uniformes. Além disso, os atletas tinham que pagar para jogar e estar sempre com a mensalidade do clube em dia. Apenas entre os anos de 1920 e 1930, de acordo com Knijnik e Vasconcellos (2003a), os operários e os negros do Brasil começaram a ser incorporados à prática do futebol. Foi assim que, de acordo com Witter (1996), à medida que o esporte começou a se popularizar no país, a elite brasileira começou a marginalizar o futebol e a se comportar de maneira preconceituosa com seus jogadores. Por conta dessa ideia de que o jogador de futebol é um sujeito desprezível, Witter (1990) afirma que a ausência das mulheres ficou mesmo em evidência, já que meninas de família não deveriam se misturar com atletas de futebol nem para assisti-los jogar. Se, para elas, já existia dificuldade em estar presente nas arquibancadas, praticar a modalidade, então, era muito mais complicado.

"No Brasil, o primeiro jogo de futebol feminino que se tem notícia foi disputado em 1913" (WITTER, 1996, p. 21), em São Paulo, mas devido ao pensamento machista da sociedade, que pregava o futebol como esporte para homem, a modalidade não se popularizou. A prática do esporte entre as mulheres brasileiras só começou a se expandir a partir de 1980, como Franzini (2005) pontua, com mais de um século de "atraso", quando, segundo Witter (1996), alguns clubes brasileiros começaram a formar equipes femininas.

Dentro das dificuldades encontradas pelas mulheres praticantes de futebol, destacam-se questões relacionadas ao corpo feminino — é evidente sua erotização no espetáculo esportivo. Knijnik e Vasconcellos (2003b) relatam que, em setembro de 2001, a Federação Paulista de Futebol organizou um campeonato de futebol feminino chamado Paulistana, com o objetivo de encontrar novas atletas para compor as equipes dos principais clubes de futebol de São Paulo e, assim, movimentar a modalidade. O processo seletivo para o campeonato era bastante restrito e seu foco principal não era o talento no esporte, mas, sim, a aparência das atletas. Apenas as que tinham cabelos compridos e consideradas bonitas e femininas foram convocadas, já que, como os autores expõem, a imprensa fez grande cobertura do evento e um dos principais objetivos da organização era unir o futebol à feminilidade, mostrar que era possível apresentar características femininas, jogar futebol e promover um campeonato bom e bonito. Além das altas exigências com as características físicas das atletas, também era requisito ter entre 17 e 23 anos, pois, de acordo com a perspectiva dos autores, seria mais fácil para a mídia promover a erotização do corpo de mulheres mais novas do que das mais velhas.

Essa cobrança com a beleza pode ser notada até mesmo nos dias atuais, em transmissões televisivas dos jogos de futebol feminino, onde alguns comentaristas não falam apenas sobre o desempenho das atletas, mas também sobre suas unhas, cabelos e vida pessoal. Goellner (2004b) afirma que, com a imprensa se importando mais com a aparência física do que com os talentos das atletas, valorizam-se discursos que associam a participação das mulheres no esporte apenas para conquista e manutenção de um corpo belo. Esse tipo de comportamento causa revolta em algumas atletas, mas também incentiva outras a continuarem respondendo e alimentando esse ciclo de pressão imposta pela mídia e, consequentemente, pela sociedade. A realidade é que "a mídia esportiva é controlada por homens e dominada por um pensamento machista transportado para a televisão, produzindo enormes distorções e ótimos índices de audiência" (CALÇADE, 2002 *apud* SIMÕES, 2013, p. 193). A mídia tampouco tem muito interesse em promover a mulher como verdadeira atleta, mas sim em realçar a imagem corporal e a sexualidade feminina, já que em determinados lances a imagem da câmera, muitas vezes, foca as partes íntimas da mulher, como opina Freitas (2003).

Franzini (2005) defende a ideia de que o futebol reproduz o comportamento presente no contexto social e cultural, com todos os seus valores. Todos os interesses políticos e econômicos estão presentes de alguma maneira na modalidade, como acredita Witter (1996). O autor afirma que o futebol é como um espelho dos problemas da sociedade.

Cenário atual

Apesar de o número de mulheres no contexto esportivo estar crescendo, Goellner (2004b) destaca a importância de avaliar com prudência a situação delas, já que, comparada à quantidade de homens, a porcentagem de mulheres ainda é muito pequena. Analisando o futebol feminino, é possível perceber que, hoje, as mulheres apenas compõem a equipe de atletas. Na comissão técnica ou nos altos cargos dos clubes de futebol, não existe um número considerável de mulheres, principalmente nas agremiações de alto nível.

Atualmente, como pontua Sardinha (2011), ainda há uma diferença muito grande entre o futebol feminino e o masculino no Brasil. São vários os campeonatos de futebol masculino no país e há uma imensa disputa entre as emissoras de televisão para transmitir os jogos. Enquanto isso, no futebol feminino, além de os campeonatos serem raros, quando são transmitidos, há pouca divulgação e acontecem em horários de baixa audiência.

Recentemente, como relata Das (2016), algumas atletas da seleção feminina de futebol dos Estados Unidos entraram com uma ação judicial contra a agência do governo que regulamenta a modalidade no país acusando-a de discriminação e exigindo equiparação salarial com a seleção masculina, que recebe salários mais de quatro vezes maior. Yourish, Ward e Almukhtar (2016) expõem que cada atleta de futebol feminino da seleção americana recebe 3.600 dólares por jogo e 1.350 dólares de bônus em caso de vitória, enquanto o pagamento de cada atleta de futebol masculino é de 5.000 dólares e 8.166 dólares de bônus por vitória.[4]

Analisando o que o futebol feminino brasileiro já conquistou, não é fácil compreender o motivo de sua desvalorização, já que a seleção brasileira apresentou bom desempenho em suas participações nos Jogos Olímpicos. A primeira vez, em 1996, em Atlanta, obteve um excelente resultado — conquistou a quarta colocação. Em 2000, em Sydney, a equipe chegou na mesma posição. Em 2004, em Atenas, as meninas chegaram ao vice-campeonato. Em 2008, em Pequim, também saíram com a medalha de prata. Em Londres, em 2012, a seleção não chegou nem às semifinais, mas na edição seguinte, no Rio de Janeiro, terminou a competição em quarto lugar. Marta, da seleção brasileira, foi eleita pela FIFA a melhor jogadora de futebol do mundo quatro vezes consecutivas. Infelizmente, Marta é um dos poucos nomes reconhecidos no futebol feminino.

Para a alegria das mulheres que lutam para conquistar espaço no ambiente esportivo, recentemente, em 2016, a treinadora Emily

4. Dados retirados de reportagem do NY Times, disponível em https://www.nytimes.com/interactive/2016/03/31/sports/soccer/us-women-soccer-wage.html. Acesso em 31 de março de 2016.

Lima assumiu o comando da seleção brasileira de futebol feminino[5], tornando-se a primeira mulher a ocupar o cargo, o que pode ser considerado um grande avanço.

Considerações Finais

A partir do levantamento histórico esportivo feminino realizado, é possível notar o espaço que a mulher conseguiu conquistar, não somente na área esportiva, mas também na vida social. Porém, isso não significa que a discriminação tenha sido extinta. A falta de investimento no futebol feminino brasileiro talvez se deva à baixa popularidade, mas será que o esporte não é pouco popular justamente devido à falta de recursos investidos nele?

Conclui-se da contextualização da história da mulher na sociedade e no esporte, mais especificamente no futebol, que ainda há uma série de preconceitos contra elas. Dessa maneira, ainda se faz extremamente necessário que as mulheres se organizem para discutir a realidade feminina, conscientizando outras mulheres acerca das dificuldades presentes e, assim, juntas, estabeleçam estratégias de "empoderamento" e enfrentamento do preconceito, reestruturando o comando das instituições esportivas. Além disso, partindo do princípio de que toda a sociedade, além de ser produto de uma cultura, também é produtora de cultura, torna-se-a dever de cada indivíduo atentar e contribuir para o processo de conscientização e de fim da discriminação e do preconceito contra a mulher e contra a mulher atleta, jogadora de futebol.

5. Dados retirados do site da CBF, disponível em http://selecao.cbf.com.br/noticias/selecao-feminina/emily-lima-e-a-nova-tecnica-da-selecao-brasileira#.WHUMfU2QwdU. Acesso em 3 de novembro de 2016.

Referências Bibliográficas

ADELMAN, Miriam. Mulheres atletas: re-significações da corporalidade feminina. Florianópolis: *Estudos feministas*, volume 11, número 2, julho/dezembro, 2003.

ALONSO, Luiza Klein. Mulher, corpo e mitos no esporte. In Simões, Antônio Carlos, org. *Mulher e esporte: mitos e verdades*. São Paulo: Editora Manole, 2003.

CARDOSO, Mauricio. *Os arquivos das Olimpíadas*. São Paulo: Editora Panda, 2000.

COMITÊ BRASILEIRO DE FUTEBOL. Disponível em <http://www.cbf.com.br/>. Acesso 3 de novembro de 2016.

CORTEZ, José Alberto Aguilar. Saúde física e mental da mulher desportista. In Fórum de debate sobre mulher e esporte: mitos e verdades. *Anais*. São Paulo: Universidade de São Paulo, 2004.

DAS, Andrew. Top Female Players Accuse U. S. Soccer of Wage Discrimination. *The New York Times*. Março, 2016.

FRANZINI, Fábio. Futebol é "coisa para macho"? Pequeno esboço para uma história das mulheres no país do futebol. São Paulo: *Revista Brasileira de História*, volume 25, número 50. Julho/Dezembro, 2005.

FREITAS, Sidinéia Gomes. Mulher: fonte e instrumento de poder. In Simões, Antônio Carlos, org. *Mulher e esporte: mitos e verdades*. São Paulo: Editora Manole, 2003.

GLOBO ESPORTE. Disponível em <http://globoesporte.globo.com/olimpiadas/noticia/2016/07/yane-marques-vence-votacao-e-sera-portabandeira-do-brasil-na--abertura.html>. Acesso em 20 de novembro de 2016.

GOELLNER, Silvana. Prefácio. Memórias olímpicas: a vez e a voz das mulheres. In RUBIO, Katia, org. *As mulheres e o esporte olímpico brasileiro*. São Paulo: Casa do Psicólogo, 2011.

______. Mulher, esporte, sexualidade e hipocrisia. In Fórum de debate sobre mulher e esporte: mitos e verdades. *Anais*. São Paulo: Universidade de São Paulo, 2004a.

______. Mulher, olimpismo e desempenho. In Fórum de debate sobre mulher e esporte: mitos e verdades. *Anais*. São Paulo: Universidade de São Paulo, 2004b.

HOBSBAWM, Eric. *A era dos impérios*: 1875 - 1914. São Paulo: Paz e Terra, 2007.

KNIJNIK, Jorge Dorfman. *A mulher brasileira e o esporte: seu corpo, sua história*. São Paulo: Mackenzie, 2003.

KNIJNIK, Jorge Dorfman; VASCONCELLOS, Esdras Guerreiro. Mulheres na área no país do futebol: perigo de gol. In SIMÕES, Ana Cristina, org. *Mulher e esporte: mitos e verdades*. São Paulo: Manole, 2003a.

______. Sem impedimento: o coração aberto das mulheres que calçam chuteiras no Brasil. In COZAC, João Ricardo, org. *Com a cabeça na ponta da chuteira: ensaios sobre a psicologia do esporte*. São Paulo: Annablume, 2003b.

MATHIAS, Milena Bushatsky. As mulheres e as práticas corporais em clubes da cidade de São Paulo do início do século XX. In RUBIO, Katia, org. *As mulheres e o esporte olímpico brasileiro*. São Paulo: Casa do Psicólogo, 2011.

MELO, Gislane Ferreira; GIAVONI, Adriana; TRÓCCOLI, Bartholomeu Torres. Estereótipos de gênero aplicados a mulheres atletas. Brasília: *Psicologia: Teoria e Pesquisa*, volume 20, número 3. Setembro/Dezembro, 2004.

MESQUITA, Ana; NASCIMENTO, Ivarilson Silva. A participação da mulher brasileira no esporte a partir dos anos 1980: o que de fato mudou? In Rubio, Katia, org. *As mulheres e o esporte olímpico brasileiro*. São Paulo: Casa do Psicólogo, 2011.

MONIZ, Gustavo. Brasil perde para o Canadá por 2 a 1 e fica sem o bronze no futebol feminino na Olimpíada. *El País*. Disponível em <http://brasil.elpais.com/brasil/2016/08/19/deportes/1471611349_854231.html>. Acesso em 20 de novembro de 2016.

MOURÃO, Ludmila; GOMES, Elza Maria de Paiva. A mulher na administração do esporte no Brasil segundo a norma olímpica. In Fórum de debate sobre mulher e esporte: mitos e verdades. *Anais*. São Paulo: Universidade de São Paulo, 2004.

NASCIMENTO, Paulo. Intersecções possíveis entre o consagrado jeito de ser brasileiro e a participação de atletas brasileiras em Jogos Olímpicos. In RUBIO, Katia, org. *As mulheres e o esporte olímpico brasileiro*. São Paulo: Casa do Psicólogo, 2011.

OLIVEIRA, Gabriel. Seleção feminina de futebol, sob batuta de Marta, é prata em Atenas e Pequim. Acervo O Globo. Disponível em <http://acervo.oglobo.globo.com/em-destaque/selecao-feminina-de-futebol-sobbatuta-de-marta-prata-em-atenas-pequim-19844885>. Acesso em 20 de novembro de 2016.

______. A cordialidade feminina no esporte brasileiro. In RUBIO, Katia, org. *As mulheres e o esporte olímpico brasileiro*. São Paulo: Casa do Psicólogo, 2011b.

______. Mulher, futebol e Jogos Olímpicos. *O Estado de São Paulo*. Agosto, 2016.

RUBIO, Katia; SIMÕES, Antônio Carlos. De espectadoras a protagonistas: a conquista do espaço esportivo pelas mulheres. *Revista Movimento*, número 11, 1999.

SARDINHA, Esperança Machado. A estrutura do futebol feminino do Brasil. *Revista Hórus*, volume 5, número 1. Janeiro/Março, 2011.

SIMÕES, Antônio Carlos. Mulher, esporte e comportamento: das perspectivas socioculturais e psicológicas à excelência competitiva. In Cozac, João Ricardo Lebert, org. *Psicologia do esporte: atleta e ser humano em ação*. São Paulo: Roca, 2013.

______. A mulher em busca de seus limites no esporte moderno. In Simões, Antônio Carlos, org. *Mulher e esporte: mitos e verdades*. São Paulo: Editora Manole, 2003.

Sport TV. Disponível em <http://sportv.globo.com/site/programas/almanaqueolimpico/noticia/2016/04/enriqueta-basilio-foi-primeira-mulher-acender-pira-olimpicana-abertura.html>. Acesso em 20 de novembro de 2016.

TELES, Maria Amélia de Almeida. *Breve história do feminismo no Brasil*. São Paulo: Brasiliense, 1999.

TRALCI FILHO, Marcio Antonio. A identidade da atleta brasileira: os "pontos de apego temporários" da mulher na vida esportiva. In Rubio, Katia, org. *As mulheres e o esporte olímpico brasileiro*. São Paulo: Casa do Psicólogo, 2011.

TRALCI FILHO, Marcio Antonio; ARAUJO, Sergio Estevam Carlos. As possíveis relações entre os feminismos e as práticas esportivas. In RUBIO, Katia, org. *As mulheres e o esporte olímpico brasileiro*. São Paulo: Casa do Psicólogo, 2011.

UOL. *Quero treinar em paz*. Disponível em www.uol/olimpiadas/especiais/quero-treinarempaz>. Acesso em 3 de novembro de 2016.

WHITAKER, Dulce. Mulher e homem: o mito da desigualdade. São Paulo: Editora Moderna, 1988.

WITTER, José Sebastião. *Breve história do futebol brasileiro*. São Paulo: FTD, 1996.

______. *O que é futebol*. São Paulo: Brasiliense, 1990.

YOURISH, Karen; WARD, Joe; ALMUKHTAR, Sarah. *How Much Less Are Female Soccer Players Paid?* The New York Times. Março, 2016.

Esporte e cuidado: a prática esportiva como ferramenta de formação pessoal e transformação social

Renata Parente Garcia • Raphael Zaremba

Infelizmente, vivemos hoje em um mundo marcado pela competitividade exacerbada, onde o único objetivo parece ser superar os outros. Para isso, muitas pessoas se mostram dispostas a qualquer sacrifício. Pautada pelo imediatismo e pela falta de visão de longo prazo, entre outros aspectos, a "pós-modernidade" traz consigo, também, uma enorme pressa (BAUMAN, 1998; 1999; 2001; SENNETT, 1999; 2006). Ninguém mais parece disposto a investir tempo, esperar resultados e colher os frutos do próprio esforço — todos querem retorno imediato.

Como consequência destes e de outros fatores, podemos perceber uma crescente ansiedade generalizada. Não por acaso, o estresse é apontado pela OMS (Organização Mundial de Saúde) como a epidemia do século (ANDREWS, 2003). O aumento do número de casos de bulimia, anorexia nervosa e, mais recentemente, vigorexia, por exemplo, também parecem sintomáticos e um reflexo do momento em que vivemos. Afinal, a lógica de que os fins justificam os meios coloca o resultado acima do processo, levando muitos a acreditar que vale tudo para alcançar o objetivo desejado.

Neste momento, você pode estar se perguntando: mas o que o esporte tem a ver com isso tudo? Como resposta, propomos outra pergunta: será que esta lógica, reinante na sociedade ocidental, é válida também no ambiente esportivo?

Há uma grande discussão a respeito do lugar que o esporte ocupa na sociedade. Alguns defendem que ele possuiria uma lógica própria, não seguindo, necessariamente, as normas sociais, enquanto outros argumentam que a prática esportiva é inevitavelmente afetada pela cultura e pelos valores propagados pela sociedade em que ela se dá (BALBINO, 1997).

Quer concordemos com um argumento ou com outro, dificilmente discordaremos do fato de que o contexto esportivo é dominado pela lógica do rendimento e do resultado. Isto significa que apenas valorizamos aquele que supera seu adversário: a equipe que fez mais gols ou pontos e o atleta que chegou à frente de seu concorrente em uma competição. Essa é a principal (quando não a única) preocupação de dirigentes esportivos e objetivo primeiro de atletas pelo mundo inteiro. Afinal, quando se trata de esporte profissional, resultados positivos trazem mais verba para os cofres do clube e/ou para os bolsos de atletas, dirigentes, técnicos, etc., além de grande prestígio e fama para o sujeito ou grupo vitorioso.

É preocupante notar, contudo, que a ideia da "vitória-a-qualquer-custo" esteja tão difundida que venha, já há algum tempo, invadindo a iniciação esportiva, espaço ocupado majoritariamente por crianças e adolescentes. A questão que se coloca é que, apesar da grande quantidade de jovens envolvidos, e que ainda envolver-se-ão, em atividades esportivas, somente uma pequena minoria conseguirá entrar para a almejada categoria dos atletas de elite (DANISH e NELLEN, 1997). Muito poucos são os atletas de base — e isto independe do esporte que praticam — que terão talento, vontade, oportunidade, incentivo, etc., para alcançar a categoria profissional, apontada por Steven Danish e Valerie Nellen (1997) como um sonho de carreira frequentemente irreal para os jovens. Aos demais resta, muitas vezes, a exclusão deste contexto, cujas possibilidades transcendem (ou deveriam transcender) a da profissionalização.

Assim, acaba-se deixando de lado aquele que deveria ser o objetivo mais nobre do trabalho nas categorias de base: formar jovens vencedores não apenas no esporte, mas também, e principalmente, na vida.

Como aponta Scalon (2004a), a busca feroz pela vitória, que costuma ser liderada por técnicos e/ou responsáveis, e não necessariamente pela criança ou adolescente, acaba por ocasionar o abandono precoce da prática esportiva. Sabendo-se que, segundo diversas pesquisas (EWING e SEEDFELDT *apud* WEINBERG e GOULD, 2008; SCALON, 2004b), o público infanto-juvenil inicia a prática esportiva em busca de diversão e não de troféus ou medalhas, parece-nos óbvio que um ambiente extremamente competitivo pode desmotivá-los a prosseguir no esporte.

É evidente que ninguém gosta de perder ou busca a derrota. O que está sendo levantado aqui, portanto, não é que não deva estar presente o desejo de vencer, mas sim o fato de a vitória ser a principal meta da prática esportiva infanto-juvenil. Defendemos a ideia de que ela poderá, sim, ser uma das consequências de um trabalho bem feito com este público, mas não será, nem de longe, a principal e mais importante conquista da vida desses jovens esportistas.

Medalhas e troféus são facilmente esquecidos no fundo dos armários e gavetas depois que as crianças crescem. Isso quando pensamos naquelas privilegiadas, que tiveram a oportunidade de subir no pódio. Mas, e quanto àquelas que nunca o fizeram? E aquelas simplesmente estavam ali "só" para se divertir? Será que a elas resta sair da prática esportiva de mãos vazias? Pela lógica dominante, sim. Nós, porém, acreditamos que não!

Pensamos que a prática esportiva pode, e deve, ser um espaço de aprendizado de lições e valores, além de proporcionar o desenvolvimento de habilidades psicossociais (GARCIA, MEDEIROS e ZAREMBA, 2011) que serão os pilares de formação de estudantes empenhados em aprender, pessoas sonhadoras e batalhadoras, trabalhadores competentes e honestos, cidadãos éticos e comprometidos com as questões sociais, etc. Por estas razões, defende-se a importância pedagógica e social do esporte, argumentando-se que, para além da formação de atletas, é preciso ocupar-se da formação de indivíduos (BRUNELLE, FORNERIS e DANISH, 2007; DI PIERRO e SILVA, 2010; DIAS, CRUZ e DANISH, 2001; PAPACHARISIS et al., 2005; SANCHES e RUBIO, 2011; SCALON, 2004b; WEINBERG e GOULD, 2008).

Vale ressaltar, contudo, que não há nada de intrinsecamente bom e educativo na prática esportiva. As repercussões da participação nesse contexto vão depender, e muito, da forma como ele é conduzido. Nas palavras de Pierre Parlebas (1980 *apud* SILVA, 2007, p. 55), "o desporto não possui nenhuma virtude mágica. Ele não é em si nem socializante, nem antissocializante. Ele é aquilo que se fizer dele". Diferencia-se, aqui, uma condução voltada apenas à vitória e ao rendimento de uma voltada àquele que pratica a atividade esportiva centrada no sujeito como um todo e não apenas em sua dimensão atlética.

Focar no jovem esportista e em seu desenvolvimento pessoal reflete, antes de tudo, uma atitude de cuidado que, segundo Carlos Alberto Plastino (2009), significa uma consideração pelo outro e por suas necessidades. A importância de ações de cuidado na vida de uma pessoa é tamanha que o psicanalista Donald W. Winnicott dedicou boa parte de sua obra a estudar o amadurecimento pessoal a partir das relações estabelecidas com agentes de cuidado. Inicialmente representados pela família, estes agentes devem ser encontrados em outros ambientes tanto pela criança como pelo adolescente e pelo adulto. Isso porque, segundo o autor, o cuidado nunca é prescindido da vida de um ser humano, pois, sem ele, seu desenvolvimento emocional será prejudicado (WINNICOTT, 1990a). As ações de cuidado, portanto, permitiriam, em linhas gerais, o acontecer humano (PLASTINO, 2009).

Cuidando do "ser" antes do "vencer"

Da ideia de utilizar o esporte como ferramenta de formação global do indivíduo, nasceu no ano de 2001, na cidade do Rio de Janeiro, a VemSer — Esporte & Psicologia (www.vemser.org.br), uma organização não governamental (ONG) que viria a oferecer atividades esportivas e educacionais para meninas de 8 a 19 anos. A VemSer tem como foco o desenvolvimento psicossocial dessas jovens, sobrepondo ao técnico o caráter cuidadoso de suas ações. A filosofia da ONG prega que cada jogo, treino ou encontro pode proporcionar às atletas o aprendizado de uma nova habilidade, atitude ou valor úteis à sua vida. São lições que serão levadas para a fase adulta e, por isso, dirigem as ações.

Partindo desta premissa, cada situação vivenciada no contexto esportivo é utilizada para trabalhar algum aspecto considerado importante para a vida cotidiana, como resiliência, estabelecimento de metas, superação pessoal, motivação, cooperação, *fair play*, dentre outros. Para tanto, a VemSer se utiliza de rodas de conversa e debate, dinâmicas de grupo, jogos cooperativos e outras ferramentas capazes de proporcionar aos participantes momentos de reflexão, troca e transformação.

Essa proposta educativa apoia-se, especialmente, em atitudes de carinho e cuidado por parte dos profissionais da ONG. Mais do que ensinar, a equipe técnica pretende oferecer às jovens um ambiente saudável, agradável, de respeito, amizade e acolhimento, onde elas possam sentir-se bem e desfrutar de bons momentos. Com este objetivo, a VemSer procura saber como é a vida delas fora do espaço do projeto — se estão bem ou se há algum problema, tentando ajudar sempre que possível e necessário, mesmo que apenas as acolhendo e serenando seu sofrimento.

A ONG trabalha com a crença de que estas jovens crescerão e que daqui a alguns anos não fará diferença quem venceu ou perdeu um campeonato. Logo, para que focar em vitórias a qualquer custo se o que importa (e continuará importando) são os valores que elas levarão consigo, bem como as habilidades psicossociais desenvolvidas ao longo de sua experiência esportiva?

É importante destacar que mesmo que a perspectiva da VemSer não esteja focada meramente em resultados dentro de quadras ou campos, isto não impede que eles sejam alcançados. As equipes da ONG subiram ao pódio em muitas das competições das quais participaram, tendo conquistado diversos títulos ao longo dos últimos 15 anos. Tal fato apenas reforça nossa crença de que existem vários meios de chegar a um mesmo fim, não sendo necessário instaurar um clima hipercompetitivo — desconsiderando os prejuízos emocionais decorrentes deste — para ganhar um jogo ou campeonato.

A nosso ver, muito mais importantes do que os resultados obtidos em quadras e campos são os resultados alcançados por nossas atletas em suas vidas e é sobre eles que falaremos a seguir.

A "tal" vitória além do placar

Como já mencionado, a proposta da VemSer é utilizar o esporte como forma de contribuir para o desenvolvimento pessoal de crianças e adolescentes. Neste sentido, a hipercompetitividade e a pressão excessiva por resultados são deixadas de lado, sendo substituídas por um ambiente de cuidado com cada uma das participantes. Estes são o objetivo e a proposta metodológica da ONG, mas como as atletas percebem esse ambiente? Que contribuições elas acreditam que a VemSer teria dado a suas vidas?

A pesquisa realizada por Garcia (2016) buscou verificar, especificamente, as influências que a participação neste projeto social esportivo-educacional teve no desenvolvimento psicossocial individual das jovens atletas. Para tanto, foram entrevistadas dez mulheres que passaram, no mínimo, cinco anos de sua infância e/ou juventude na VemSer.

À época de sua entrada no projeto, sete entrevistadas moravam na comunidade da Rocinha, duas na comunidade do Parque da Cidade e uma no bairro da Gávea, no prédio onde seu pai trabalhava como porteiro. Os três locais estão na zona sul do Rio de Janeiro. Todas estudavam em escolas públicas ou em escolas financiadas por entidades sem fins lucrativos que atendem crianças e adolescentes de baixa renda. Hoje têm entre 19 e 27 anos e, por diferentes razões, não seguiram a carreira de atletas, apesar de algumas ainda jogarem basquetebol pela equipe adulta da ONG. Todas possuem nível superior completo ou o estão cursando.

A partir de suas falas, percebe-se a importância dada pelas ex-atletas aos anos que participaram das atividades da VemSer. Apresentaremos, a seguir, um recorte dos resultados dessa pesquisa, enfocando aqueles referentes ao cuidado e suas repercussões.

Uma família fora de casa

Quando solicitadas a falar sobre a VemSer, a maioria das participantes da pesquisa enfatizou o caráter familiar da instituição. Fica bastante nítida nas falas a comparação do ambiente da ONG com o familiar, não necessariamente a família delas, mas, talvez, com um ideal de família. O encontro de um pai na figura do técnico e de irmãs nas companheiras de equipe chama atenção para o importante papel que este espaço e seus membros parecem ter desempenhado na vida dessas mulheres quando ainda crianças ou adolescentes.

As falas daquelas que conhecem mais os ambientes de outras equipes esportivas deixam clara a diferença. Algumas entrevistadas afirmam a importância de um ambiente esportivo livre da hipercompetitividade e voltado a ações de cuidado para com suas jovens integrantes, como em uma família.

> A VemSer ela... ela foi um espaço [...] de acolhimento, de orientação, de não ter preconceitos, né? Não importa se você é feio ou bonito, né? [...] ela oferece a oportunidade para quem quer [...]. E hoje, eu, como mãe, e isso me sensibiliza muito falar sobre isso... porque mãe é... algo completamente...não espera nada em troca, é uma doação sem medida, né? Então, essa palavra traduz bem a VemSer na minha vida, ela foi mãe mesmo, em todos os sentidos (F.A., 27 anos);

> Família é o lugar onde você pode se apoiar, tipo, independente dos seus erros é onde as pessoas vão estar ali pra você. E tem a família que a gente ganha e a família que a escolhe... a VemSer foi a que eu escolhi (B.G., 20 anos);

> A forma de tratar como família. Por que a maioria dos times, é... técnico não se importa com atleta... outro atleta do mesmo time quer ferrar o companheiro pra poder ter espaço no time.[...] Lá dentro é uma incentivando a outra, uma querendo entender a outra, querendo ajudar (D.G., 25 anos);

> Nós realmente somos uma familia, entendeu? Onde valores são pregados. Não é só vitória, vitória, derrota, derrota. É muito mais... O esporte ensina disciplina pra muita gente e tal, mas se você não tiver o ambiente certo, a pessoa certa, sabe, não vai funcionar do mesmo jeito. Então eu acho que o ambiente da VemSer... acho que não existe uma pessoa que jogou lá que não sinta assim, realmente, foi o ambiente que fez a diferença! (L.F., 22 anos)

A relação estabelecida pelas entrevistadas entre a VemSer e o ambiente familiar aproxima a ONG do modelo sugerido por Winnicott (1993a; 1993b) para instituições que assistem crianças e adolescentes. Estas deveriam, segundo o autor, ter suas ações inspiradas no núcleo familiar. A este respeito, Luis Claudio Figueiredo (2009) salienta que o *holding*, inicialmente provido pela mãe (ou substituta), quando ofertado nas instituições frequentadas pelo público infanto-juvenil, contribui positivamente para a continuidade de seu processo maturacional.

Ao mencionarem, em suas falas, a doação sem medida, o apoio, o cuidado, a ajuda, o acolhimento e a transmissão de valores, além da explícita referência à ONG como "família", as jovens entrevistadas parecem confirmar o exercício desta função de *holding* por parte da VemSer.

Ampliando horizontes

A maioria das entrevistadas relata um aumento em sua autoestima e autoconfiança, proporcionado pela participação nas atividades desenvolvidas pela VemSer. Elas comentam a contribuição dessa experiência esportiva na descoberta de seu potencial e da sua capacidade de gerir sua própria vida e alcançar objetivos maiores do que imaginavam.

> Achava que muitas coisas não iam dar certo, achava que eu não tinha potencial pra fazer aquilo, pra chegar onde eu desejava e tudo mais, a VemSer eu acho que me influenciou muito a acreditar em mim. A minha autoestima, a me ajudar nisso (D.G., 25 anos);

> [...] e eu comecei a ver que, realmente, a gente só erra aquele arremesso que a gente tenta, né? Se a gente não tentar a gente não erra, mas também a gente não acerta. E quanta coisa a gente deixa de ganhar, com medo de perder, entendeu? Então acho que isso foi a coisa mais maravilhosa que me aconteceu... essa coisa de eu me tornar uma pessoa destemida, assim [...] de confiar mais em mim [...] (F.M., 24 anos);

> É... então, pra mim, a VemSer me deu condições de tá me descobrindo como um ser humano realmente capaz, né? De conquistar coisas diferentes do meu entorno, né? As minhas referências não eram de alguém que estudava, não era... Eram de meninas que engravidavam muito cedo, né? Então... e daí pra muitas outras coisas que a gente já sabe como violência, a própria prostituição, etc. Então eu tive acesso a um espaço totalmente diferente. É... então falando de condições mesmo, a VemSer pode me dar consciência do meu eu mesmo, de tudo aquilo que... das minhas responsabilidades como indivíduo, né? E não como mais alguém na multidão (F.A., 27 anos).

O discurso das jovens vai ao encontro do que diz a literatura consultada sobre o papel do esporte na autoestima. As falas explicitam que os contextos esportivos que têm como foco o ser humano em formação, e não o atleta em potencial, facilitam o desenvolvimento da autoestima de seus participantes (AMARAL, 2004; BARBIERI, 2001; BITTAR, 1996; SANCHES e RUBIO, 2011; WEINBERG e GOULD, 2008). Além da estima pessoal, Barbieri (2001) acrescenta que o esporte pode favorecer o desenvolvimento do autoconhecimento e do seu fazer no mundo, conforme visto nos depoimentos das ex-atletas.

Em suas considerações sobre a etapa inicial da vida, Winnicott (1975a) afirma que uma das funções maternas é a de ser um espelho para seu bebê poder constituir-se em um ser unitário. Esta função, assim como a de *holding*, pode e deve continuar sendo exercida por outros agentes de cuidado ao longo de toda a vida do sujeito, em nome da continuidade saudável de seu processo maturacional (FIGUEIREDO, 2009; WINNICOTT, 1975a). É ela que, conforme afirma Figueiredo (2009), vai permitir a instalação da autoimagem e da autoestima.

A partir das falas das ex-atletas da ONG, conclui-se que o ambiente da VemSer serviu de espelho a elas, na medida em que refletia (fazendo-as reconhecer) suas particularidades, qualidades e potencialidades. Também fica clara em seus depoimentos a consequência disso, que foi, em linhas gerais, o desenvolvimento da crença de que elas seriam capazes de mais do que imaginavam, tanto dentro quanto fora de quadra. Assim, a autoestima e a autoconfiança, desenvolvidas com auxílio da experiência esportiva, parecem tê-las motivado a buscar objetivos maiores em suas vidas e a sonhar mais alto.

Relacionamento interpessoal

As entrevistadas comentam, ainda, o quanto a convivência em grupo, durante a infância e adolescência, facilitou o relacionamento presente com outras pessoas. Seus discursos enfocam melhora de comunicação, respeito às diferenças, de expressão de sentimentos e de desenvolvimento da capacidade de ceder e de pensar no outro.

> A outra coisa que eu acho muito importante, que eu aprendi lá também, é isso de você se relacionar, saber se relacionar com todas as pessoas de todos os... os... todas as personalidades possíveis. Porque no banco, por exemplo, tanto os colegas de trabalho quanto os clientes, eles são muito diferentes. Então, depois que você pega isso de, tipo, você compreender a... o jeito de ser do outro e você tentar se relacionar da melhor maneira possível com o outro (F.M., 24 anos);

> Eu era muito individualista quando entrei e saí daqui uma menina completamente diferente. Comecei a pensar mais nos outros comecei a pensar mais além do que só em mim (K.O., 23 anos);

> Assim como eu disse, eu amadureci como pessoa, eu aprendi a me expressar, eu aprendi a amar, eu aprendi até a abraçar (risos). Porque eu não era uma pessoa que expressava muito afeto, assim, meus pais expressavam afeto a mim, mas eu não sabia expressar afeto. Aqui eu aprendi a expressar, também, afeto pelas pessoas, eu nem sabia abraçar direito e aprendi a abraçar (R.L., 24 anos);

> Porque eu trabalho com publicidade e somos uma equipe também. Então muitas das coisas que eu vivi aqui, que eu convivi, tipo, são pessoas diferentes, tem espaços diferentes, pensam de maneiras diferentes, eu trago isso pra mim. [...] Eu uso o esporte em entrevistas de trabalho como uma carta na manga pra mim, por que muitas pessoas não sabem lidar em equipe, não sabem lidar com outras pessoas que pensam diferente de você e eu uso isso como... em próprio benefício meu (P.M., 24 anos).

Estas falas exemplificam bem o que Mosquera (1984) diz a respeito dos aprendizados que se pode ter a partir do jogo: trabalhar, viver e amar. Vão também de encontro à afirmação de Amaral (2004) quando este defende que um ambiente voltado a ações educativas, que estimule mais a cooperação do que a competição — como parece ser o caso da VemSer — facilita o prosseguimento da sua construção pessoal. Com isso, diz o autor, o jovem terá "melhores condições de desenvolver suas potencialidades e se adaptar às novas exigências de um mundo em eterna evolução. " (AMARAL, 2004, p. 133).

Como fica claro nas falas acima, a vivência em ambientes cooperativos facilita a construção de uma relação social positiva (criando um ambiente de apreço), o desenvolvimento da empatia (levar o outro em consideração, compreender seu ponto de vista), da comunicação (expressão de emoções, pensamentos, opiniões, etc.), da participação (comunicar, fazer saber, informar, conquistar), da autoestima positiva (apreciar-se, valorizar-se) e da alegria (sentir-se bem, estar em paz consigo mesmo) (AMARAL, 2004).

Winnicott (1982a), por sua vez, argumenta que a experiência grupal facilitada por agentes de cuidado, como a escola, permite o florescimento de potencialidades emocionais, sociais, intelectuais e físicas da criança. Segundo ele, são essas vivências nos primeiros grupos que permitirão o desenvolvimento de relações harmoniosas em outros grupos (WINNICOTT, 1982a).

Neste sentido, a ênfase das entrevistadas no desenvolvimento de habilidades sociais que as auxiliam em seu convívio grupal fora do ambiente esportivo corrobora a importância das experiências em grupo na infância, salientada pela literatura.

Senso ético e moral

Algumas entrevistadas destacam, ainda, os efeitos do esporte no desenvolvimento de seu senso ético. Mais especificamente, relatam os reflexos da prática em sua visão de mundo e do que consideram "certo" ou "errado":

> Todas as coisas que eu olho hoje em dia na rua, se eu falar 'ahh, isso tá certo ou tá errado', sem dúvidas tem uma pitada da VemSer aqui dentro. Dentro das minhas opiniões, sabe? (L.S., 23 anos);
>
> [...] nossa, eu fiquei dois anos e meio num ambiente extremamente competitivo, tanto quanto um jogo... não tão justo (risos), e eu só sobrevivi dois anos e meio e fui bem-sucedida, graças à minha experiência na VemSer. E poder ter uma honestidade ali dentro das minhas ações, graças à VemSer. [...] Então eu tenho muito orgulho, e vivi isso muito forte, de poder ser bem-sucedida sem puxar o tapete de ninguém e saber me defender diante de pessoas que estavam ali dispostas a isso. E aí essa integridade toda foi graças à VemSer mesmo (F.A., 27 anos).

Para Weinberg e Gould (2008), o ambiente eportivo movido pelo lema da vitória a qualquer custo costuma facilitar a trapaça, a violação de regras, etc. Como esta não é a filosofia que embasa as ações da VemSer, não é o que se percebe nas declarações acima. Pelo contrário, nota-se um reconhecimento do desenvolvimento de valores éticos e morais atribuídos à experiência de participar das equipes da ONG.

Winnicott (1990c) já indicava que caberia não só ao lar, mas também à escola (e, por que não, ao esporte) a oferta de um ambiente favorável ao desenvolvimento de uma capacidade moral própria. O psicanalista defende que não se deve impor aos jovens uma moralidade. Esta deve, pelo contrário, ser desenvolvida por cada um à sua maneira, a partir do conhecimento do código moral vigente.

A metodologia de trabalho da VemSer parece, então, ser coerente com a proposta winnicottiana, na medida em que não se propõe a impor uma determinada moralidade, mas sim oferecer oportunidades para que cada atleta possa desenvolver a sua própria. Este trabalho é realizado a partir da proposta de reflexões sobre certo e errado, justiça, *fair play* e sobre o próprio "código moral" da instituição (suas regras e normas de funcionamento), que prima pelo respeito a todos (sem xingamentos, tratamento sempre cordial e educado, não torcer contra o time adversário, sem vaias, dentre outros), pelo cumprimento das regras do jogo (sem trapaças), etc.

Devolvendo o cuidado recebido

As entrevistadas relataram o seu empenho pessoal em transmitir a outras pessoas de seu convívio social os aprendizados e o cuidado recebido na VemSer. Algumas delas, inclusive, retornaram à ONG como voluntárias após ingressarem na faculdade. Parece ser realmente grande entre elas a vontade de passar adiante aquilo que elas próprias receberam.

> Então é algo que eu trago muito dentro de mim: viver para o outro, não simplesmente para mim, assim. E tem pesquisas científicas que dizem, né, que aqueles que vivem para o outro são mais felizes. Então, eu acho que é totalmente comprovado, assim, [...] na vida de todos que estão aqui! [...] de todos os psicólogos, de todos os educadores físicos que passaram por aqui. Eles viveram para o outro, para todas as meninas que estão aqui, e para mim também (R.L., 24 anos);

> Eu me vejo hoje uma réplica da VemSer porque todo mundo que passa pela minha vida... eu me vejo lá atrás, né? Nas pessoas... Nas pessoas que precisam, pessoas que estão desmotivadas por alguma coisa, que estão em situações que eu estive... E aí eu me vejo falando coisas que me falaram naquela época, sabe? (F.A., 27 anos);

> E eu quero, de certa forma, passar para algumas pessoas que não tiveram o que eu tive no passado. Até tentar ensinar as coisas que eu tive lá atrás (D.G., 25 anos).

Esses relatos exemplificam bem a afirmação de Figueiredo (2009) de que a principal meta do cuidado é o desenvolvimento das capacidades cuidadoras daquele que está sendo alvo de suas ações. Segundo Winnicott (1989c) e Figueiredo (2011), quando há reciprocidade de cuidados entre organismo e ambiente, há, consequentemente, um indicativo de saúde individual. Assim, um sujeito saudável seria aquele que não apenas recebe os cuidados ambientes (que jamais serão prescindidos na vida), mas que também os provê (WINNICOTT, 1990d).

Percebemos pelos depoimentos das jovens entrevistadas que o cuidado oferecido pela VemSer foi (usando a terminologia winnicottianna) "suficientemente bom" (WINNICOTT, 1989d). Esta expressão indica que a provisão de cuidados cumpriu seu papel no amadurecimento pessoal, tendo contribuído, neste caso, para que as jovens atendidas pelo projeto desenvolvessem o desejo e a capacidade de passar adiante (tanto dentro da ONG quanto fora) aquilo que receberam de positivo daquele ambiente.

Por um olhar mais cuidadoso sobre a iniciação esportiva

Hipercompetitividade, pressa, ansiedade, estresse... O clima instaurado na nossa sociedade parece encontrar nítidos reflexos no contexto esportivo. É preciso vencer, ser o melhor, superar a si mesmo e aos adversários, melhorar sempre e rápido. Não há tempo para dor, lesões e, muito menos, para sofrimento psíquico.

Como dito acima, o mais preocupante é notar que esta mentalidade vem dominando também a iniciação esportiva, espaço ocupado por crianças e adolescentes que poderiam estar se beneficiando imensamente do poder do esporte como agente de formação pessoal e transformação social. Lamentavelmente, porém, o ser do humano vem sendo cada vez mais deixado de lado em nome da busca incessante pelo vencer.

Ainda que não permitam generalização, os relatos das ex-atletas da VemSer aqui apresentados parecem nos dar claras pistas de que um trabalho baseado no cuidado e voltado a ações que contribuam para o desenvolvimento psicossocial pode produzir bons resultados tanto dentro quanto fora de quadras e campos, provocando reflexos diretos nas vidas futuras dos atletas mirins. É por esta e outras razões que defendemos a importância de lançarmos um olhar mais cuidadoso sobre a iniciação esportiva.

Referências Bibliográficas

AMARAL, J.D. Cooperação e competição. In: SCALON, R.M. (Org.). *A psicologia do esporte e a criança*. Porto Alegre: EDIPUCRS, 2004. p. 119-148.

ANDREWS, S. *Stress a seu favor — como gerenciar sua vida em tempos de crise*. São Paulo: Ágora, 2003.

BALBINO, F. Sociedade Atual: um mundo mais esportivo. In MACHADO, A.A. (org.). *Psicologia do Esporte — temas emergentes I*. Jundiaí: Ápice, 1997.

BARBIERI, C.A.S. *Esporte educacional: uma possibilidade de restauração do humano no homem*. Canoas: Ed. Ulbra, 2001.

BAUMAN, Z. *O mal-estar na pós-modernidade*. Rio de Janeiro: Jorge Zahar Ed., 1998.

______. *Globalização: as consequências humanas*. Rio de Janeiro: Jorge Zahar Ed., 1999.

______. *Modernidade líquida*. Rio de Janeiro: Jorge Zahar Ed., 2001.

BITTAR, A.F. *Esporte educacional: uma proposta renovada*. Recife: Indesp, 1996.

BRUNELLE, J.; FORNERIS, T.; DANISH, S.J. The impact of a sportbased life skill program on adolescent prosocial values. *Applied Developmental Science*, v. 11, n. 1, p. 43-55, 2007. Disponível em: < http://www.tandfonline.com/doi/abs/10.1080/10888690709336722?journalCode=hads20>. Acesso em: 21 nov. 2016.

DANISH, S.J.; NELLEN, V.C. New roles for Sport psychologists: teaching life skills through Sport to at-risk youth. *Quest*, v.49, n.1, p.100-113, 1997. Disponível em: < http://connection.ebscohost.com/c/articles/9707226309/new-roles-sports--pyschologists-teaching-life-skills-through-sport-at-risk-youth>. Acesso em: 18 nov. 2016.

DI PIERRO, C.; SILVA, F. S. da. O primeiro tempo do setor social. In: RUBIO, K. (Org.). *Psicologia do esporte: teoria e prática*. São Paulo: Casa do Psicólogo, 2010. p. 139-154.

DIAS, C.; CRUZ, J.F.; DANISH, S. O desporto como contexto para a aprendizagem e ensino de competências de vida: Programas de intervenção para crianças e adolescentes. *Análise Psicológica*, Lisboa, v.19, n. 1, 2001. Disponível em: <http://www.scielo.gpeari.mctes.pt/scielo.php?pid=S0870-82312001000100013-&script-sci_arttext>. Acesso em 21 nov. 2016.

FIGUEIREDO, L.C. Cuidado e saúde: uma visão integrada. *Alter — Revista de Estudos Psicanalíticos*, v.29, n.2, p. 11-29, 2011. Disponível em: < http://casadaarvore.org.br/wp-content/uploads/2015/02/Figueiredo_cuidado-e-sau%C3%8C-de.pdf>. Acesso em: 21 nov. 2016.

GARCIA, R.P. Ambiente esportivo e cuidado: Repercussões no amadurecimento pessoal. 2016. 105f. Dissertação (Mestrado em Psicologia Clínica) — Pontifícia Universidade Católica do Rio de Janeiro, Rio de Janeiro, 2016.

GARCIA, R.P.; MEDEIROS, C.; ZAREMBA, R.S. Desenvolvendo competências de vida através do esporte: relato de uma experiência. *Revista Brasileira de Psicologia do Esporte*, v.4, n.1, p. 1-13, 2011. Disponível em: < http://cev.org.br/biblioteca/desenvolvendo-competencias-vida-atraves-esporte-relatode-uma-experiencia/>. Acesso em: 21 nov. 2016.

PAPACHARISIS, V. et al. The effectiveness of teaching a life skills program in a sport context. *Journal of Applied Sport Psychology*, v.17, n.3, 2005. p. 247 — 254. Disponível em: < http://www.tandfonline.com/doi/full/10.1080/10413200591010139>. Acesso em: 21 nov. 2016.

PLASTINO, C.A. A dimensão constitutiva do cuidar. In: MAIA, M.S. (Org.). *Por uma ética do cuidado*. Rio de Janeiro: Garamond, 2009. p.53-87.

SANCHES, S.M.; RUBIO, K. A prática esportiva como ferramenta educacional: trabalhando valores e a resiliência. *Educação e pesquisa*, São Paulo, v. 37, n. 4, 2011. p. 825-842. Disponível em: < http://www.revistas.usp.br/ep/article/view/28304/30157>. Acesso em: 21 nov. 2016.

SCALON, R.M. Os fatores motivacionais que influem no abandono da criança no esporte. In: SCALON, R.M. (Org.). *A psicologia do esporte e a criança*. Porto Alegre: EDIPUCRS, 2004a. p. 165-184.

______. Os motivos da aderência da criança ao esporte. In: SCALON, R.M. (Org.). *A psicologia do esporte e a criança*. Porto Alegre: EDIPUCRS, 2004b. p. 49-78.

SENNETT, R. *A corrosão do caráter: as consequências pessoais do trabalho no novo capitalismo*. Rio de Janeiro: Record, 1999.

______. *A cultura do novo capitalismo*. Rio de Janeiro: Record, 2006.

SILVA, F.S. Projetos sociais em discussão na psicologia do esporte. *Revista Brasileira de Psicologia do Esporte*, v.1, n.1, 2007. p. 1-12. Disponível em: < http://pepsic.bVemSeralud.org/scielo.php?pid=S1981-91452007000100005&script=sci_arttext>. Acesso em: 21 nov. 2016.

WEINBERG, R.S.; GOULD, D. *Fundamentos da Psicologia do Esporte e do Exercício* (4a ed.). Porto Alegre: Artmed, 2008.

WINNICOTT, D.W. O papel de espelho da mãe e da família no desenvolvimento infantil. In: WINNICOTT, D.W. *O brincar e a realidade*. Rio de Janeiro: Imago Editora Ltda, 1975. p. 153-162.

_____. A mãe, a professora e as necessidades da criança. In: WINNICOTT, D.W. *A criança e o seu mundo* (2ª Ed.). Rio de Janeiro: Zahar Editores, 1982a. p.214-224.

_____. Por que as crianças brincam. In: WINNICOTT, D.W. *A criança e o seu mundo* (2ª Ed.). Rio de Janeiro: Zahar Editores, 1982b. p. 161-165.

_____, D.W. *Sum*: eu sou. In: WINNICOTT, D.W. *Tudo começa em casa*. São Paulo: Martins Fontes, 1989a. p. 43-50

_____. O aprendizado infantil. In: WINNICOTT, D.W. *Tudo começa em casa*. São Paulo: Martins Fontes, 1989b. p. 111-116.

_____. O preço de desconsiderar a pesquisa psicanalítica. In: WINNICOTT, D.W. *Tudo começa em casa*. São Paulo: Martins Fontes, 1989c. p. 135-142.

_____. O valor da depressão. In: WINNICOTT, D.W. *Tudo começa em casa*. São Paulo: Martins Fontes, 1989d. p. 55-62.

_____. *O ambiente e os processos de maturação. Estudos sobre a teoria do desenvolvimento emocional* (3ª Ed.). Porto Alegre: Artes Médicas, 1990a. p. 106-113.

_____. Integração. In: WINNICOTT, D.W. *Natureza Humana*. Rio de Janeiro: Imago Editora Ltda, 1990b. p. 136-142.

_____. Moral e educação (1963). In: WINNICOTT, D.W. *O ambiente e os processos de maturação. Estudos sobre a teoria do desenvolvimento emocional* (3ª Ed.). Porto Alegre: Artes Médicas, 1990c. p. 88-100.

_____. Provisão para a criança na saúde e na crise (1962). In: WINNICOTT, D.W. *O ambiente e os processos de maturação. Estudos sobre a teoria do desenvolvimento emocional* (3ª Ed.). Porto Alegre: Artes Médicas, 1990d. p. 62-69.

_____. Família e maturidade emocional. In: WINNICOTT, D.W. *A família e o desenvolvimento individual*. São Paulo: Martins Fontes, 1993a. p. 78-83.

_____. Adolescência. In: WINNICOTT, D.W. *A família e o desenvolvimento individual*. São Paulo: Martins Fontes, 1993b. p. 70-78.

Desafios da psicologia esportiva no esporte adaptado

Franco Noce • Cristina Carvalho de Melo

Introdução

No Censo Demográfico Brasileiro de 2010, mais de 45 milhões de pessoas se declararam com pelo menos um tipo de deficiência (IBGE, 2012). Este dado pode variar devido ao número de pessoas que são diariamente acometidas por alguma causa de deficiência (ANJOS, 2005; SAMULSKI et al., 2004).

Estudos realizados na área esportiva mostram que o esporte tem importante papel na recuperação e na inserção de pessoas acometidas por alguma deficiência na sociedade. É um instrumento eficaz no processo de reabilitação, socialização, melhoria da qualidade de vida, lazer e superação de limites (PARSONS & WINCLER, 2012; MELLO, 2004).

Desde a década de 1940 essa importância é ressaltada. Segundo Cardoso (2011), o neurocirurgião Ludwig Guttmann já encontrava resultados positivos na aplicação do desporto para Pessoas com Deficiência (PCD), sendo que a prática era capaz de lhes ajudar a restaurar a conexão com o mundo que os rodeia. Guttmann acreditava no valor do esporte para as PCDs tanto para sair da depressão como forma de eleger um novo objetivo de vida. Para ele, a prática desportiva é essencial para a socialização das pessoas, pois possibilita bem mais que a inserção social, visto que leva a um resgate da sua autoestima e à consciência de sua real capacidade (CARDOSO, 2011).

Conhecendo a importância do processo de reabilitação, que leva em conta a atividade física como um meio favorecedor e eficaz de reinserção, socialização, melhoria da qualidade de vida e lazer da PCD na sociedade; muitas instituições desenvolvem trabalhos focados na atividade física e no esporte de alto rendimento.

O desporto paraolímpico vem crescendo em nível mundial e cada vez mais as pessoas voltam a atenção para esta área, nos diversos campos da ciência. Segundo o Comitê Paraolímpico Internacional (IPC, 2016), houve um aumento significativo do número de atletas participantes nas Paralimpíadas do Rio-2016 (4.333 atletas, de 159 países) em comparação à primeira edição, realizada em Roma, em 1960, quando apenas 400 atletas, de 23 países, participaram do evento.

No Brasil, o desporto paraolímpico é uma das mais bem-sucedidas propostas voltadas para esta população, pois desenvolve as pessoas nos diferentes aspectos de sua vida por intermédio da participação em diversos esportes adaptados. As ações das instituições e do Comitê Paralímpico Brasileiro (CPB) são primordiais para essa realidade (ANJOS, 2005; SAMULSKI & ANJOS, 2005).

Nesta perspectiva, a Psicologia do Esporte atua junto a PCDs em diferentes vertentes do conhecimento e tem se tornado bastante relevante para profissionais da área e atletas. Apesar de a Psicologia do Esporte ter registros no Brasil desde a década de 1950, ainda é necessário evoluir muito, considerando a atual situação da área no país (NOCE et al., 2016).

Desafios da Psicologia do Esporte

A fim de refletir sobre a atualidade da Psicologia do Esporte no Brasil e, em especial, no esporte paraolímpico, elenco abaixo uma série de desafios para o desenvolvimento da área.

Formação de Recursos Humanos

Por se tratar de uma área multidisciplinar, na qual a Psicologia e a Educação Física apresentam fortes interseções, a realidade ainda está distante do ideal. A literatura, por exemplo, aponta mais atuações específicas e isoladas do que uma ação interdisciplinar de cooperação. A Psicologia do Esporte é percebida por alguns autores como uma área emergente da Psicologia (VIEIRA et al., 2013), enquanto outros se referem a ela como uma subdisciplina das ciências do esporte (GILL, 1986). Becker Jr. (2008) compreende que a Psicologia do Esporte é uma área na qual diversos profissionais podem atuar, independente da formação, desde que respeitados os aspectos éticos da Sociedade Internacional de Psicologia do Esporte (ISSP, 2016). Ao se tratar da formação, verifica-se que a maior parte dos cursos de graduação de psicologia no Brasil não possui em suas grades disciplinas relacionadas à Psicologia do Esporte e do exercício (VIEIRA et al., 2010; CARVALHO, 2008). Em relação aos programas de pós-graduação, Vieira et al. (2013) apresentam um cenário não muito melhor — apesar da existência de 44 programas na área de Educação Física e de 115 na de Psicologia, apenas 14 possuem linha de pesquisa em Psicologia do Esporte.

Após estas considerações iniciais sob a perspectiva geral da formação do profissional no Brasil, é necessário destacar que disciplinas de esporte adaptado às diversas deficiências, sejam estas adquiridas ou congênitas (DUARTE e SILVA, 2012), podem ser ofertadas na graduação e que o psicólogo do esporte pode adquirir esse conhecimento em diversos cursos de formação. Outro ponto fundamental é a compreensão da classificação esportiva. Segundo Freitas e Santos (2012), ela pode ser médica (para atletas com deficiência visual), funcional (para atletas deficientes físicos) e psicológica (para atletas com deficiência intelectual).

Definitivamente, a área é carente de cursos de formação. Além da preparação teórica, é necessária uma vivência prática supervisionada de forma consistente. Por ocasião do Congresso Brasileiro e Internacional de Psicologia do Esporte (CONBIPE, 2016), realizado em abril de 2016 em Belo Horizonte (MG), uma série de ações foi iniciada no sentido de fortalecer a área: a) pela primeira vez, os presidentes dos conselhos federais de Educação Física e Psicologia se reuniram para discutir a convergência das duas profissões nesta área e decidiram apoiar plenamente as duas associações nacionais de Psicologia do Esporte; b) as duas associações nacionais (Abepeex e Abrapesp) se reuniram para planejar ações conjuntas para o fortalecimento da área. Uma delas foi o acordo para a realização de congressos nacionais em anos alternados (Abepeex em anos pares e Abrapesp em anos ímpares); c) o Managing Council da ISSP realizou a I Regional Conference, que consiste numa qualificação para os profissionais de Psicologia do Esporte em várias partes do mundo.

Integração Plena no Ambiente do Treinamento Esportivo

Um dos aspectos fundamentais para a plena integração da Psicologia do Esporte no treinamento esportivo é o conhecimento dos processos gerais de treinamento e a inclusão do treinamento dos aspectos psicológicos na periodização da equipe. Considerações gerais sobre a periodização serão posteriormente abordados neste capítulo. Para que a integração ocorra também é necessário que a área seja melhor compreendida pelos atores (treinadores, atletas e dirigentes). O que se percebe atualmente é que a Psicologia do Esporte é confundida com a psicologia clínica ou, muitas vezes, nem isto. Uma forma de sanar este tipo de situação é a participação efetiva dos atores em congressos da área. Ao verificar a estrutura administrativa do Comitê Paralímpico Brasileiro (SCHEID e ROCHA, 2012), é possível observar a presença da Academia Paralímpica Brasileira, setor responsável pela integração das ciências do esporte. Entretanto, ao acessar o site da academia não foi possível observar evidências da presença da Psicologia do Esporte na estrutura (APB, 2016).

Compreensão Sobre a Área por Parte de Atletas, Treinadores e Dirigentes

De acordo com Noce et al. (2016), este é um dos principais desafios a serem enfrentados pelos profissionais no Brasil. Machado (2009) destaca que mesmo no esporte de alto rendimento é possível notar a falta de conhecimento sobre o trabalho do profissional de Psicologia do Esporte. As inovações científicas e a proximidade das ciências do esporte com o esporte paralímpico têm permitido que treinadores e atletas se familiarizem com outros profissionais nas comissões técnicas. O V Congresso Paradesportivo Internacional (CPI, 2016), realizado em Belo Horizonte, contemplou a área de Psicologia do Esporte com mesa redonda, minicursos, pôsteres e apresentações orais. Em todos os momentos, treinadores e atletas de diferentes modalidades estavam presentes.

Em relação aos atletas, muitos apresentam resistência ao trabalho do psicólogo por confundir Psicologia do Esporte com psicologia clínica. Por mais que exista espaço para a psicologia clínica com atletas, este não é o foco da Psicologia do Esporte. Muitos atletas inclusive não entendem que estarão otimizando suas qualidades psíquicas com o "treinamento" psicológico e não serão submetidos a um "tratamento" psicológico.

No caso dos treinadores, a Psicologia do Esporte pode contribuir de forma decisiva para a performance, auxiliando-o, por exemplo, nos processos de gestão da equipe, otimizando a comunicação (ALVES, 2011), a liderança (ALVES, 2011) e a tomada de decisão (ARAUJO et al., 2011), bem como a gestão do próprio comportamento, como controle do estresse (SAMULSKI e NOCE, 2011) e dos níveis de *burnout* (RUIZ, 2011). O psicólogo do esporte é um membro da comissão técnica que trabalha com o treinador para otimizar o desempenho dos atletas. Contudo, é importante destacar que muitas vezes as comissões técnicas são modificadas ao longo da temporada, o que pode comprometer um trabalho de médio/longo prazo com as equipes.

Por fim, a compreensão sobre a Psicologia do Esporte por parte dos dirigentes esportivos. O esporte de alto rendimento é, para muitas pessoas, sinônimo de status e poder e, neste sentido, como ser humano, o dirigente está sujeito à vaidade do cargo ocupado. A ingerência que muitos dirigentes exercem sobre as comissões técnicas dificulta o trabalho da Psicologia do Esporte. Desta forma, é muito importante que antes de assinar um contrato, o psicólogo do esporte mostre em que consiste seu trabalho.

Participação Efetiva na Competição

Desde os Jogos Paralímpicos de Atlanta, em 1996, a Psicologia do Esporte está presente na comissão científica formada pelo CPB para desenvolver e avaliar parâmetros científicos (MELLO, 2002; MELLO, 2004). Até os Jogos Paraolímpicos de Pequim, em 2008, o CPB inseria a Psicologia do Esporte na equipe de avaliação, e atletas de todas as modalidades eram atendidos durante a competição. A partir de Londres - 2012 o modelo foi modificado e cada modalidade passaria a contratar seu próprio psicólogo do esporte. A consequência desta mudança foi vista nos Jogos Paralímpicos do Rio de Janeiro, em 2016. Apenas quatro modalidades convocaram alguém para a função "psicólogo": natação e atletismo (modalidades com delegações maiores), bocha (consagrada em edições anteriores com medalhas de ouro) e rugby cadeira de rodas (após o não comparecimento da delegação da Rússia, em função de problemas técnicos e o surgimento, desta forma, de vagas remanescentes).

A reflexão sobre os dois modelos adotados pelo CPB mostra que no primeiro momento o serviço do psicólogo do esporte era ofertado a todas as modalidades, mas com a limitação da falta de aprofundamento do trabalho, visto que o número reduzido de profissionais dificultava o número de contatos com as modalidades, tornando precário o acompanhamento dos processos de treinamento. Já o segundo modelo permite um trabalho muito mais efetivo, visto que cada profissional fica responsável por apenas uma equipe. O problema é que o primeiro modelo não trabalhou junto às comissões técnicas a importância da continuidade da atividade do psicólogo do esporte ao longo da temporada (SAMULSKI, 2009).

Desenvolver um Trabalho de Longo Prazo

Outro grande desafio. Muitos psicólogos do esporte com pouca ou nenhuma experiência prática querem oportunidades com equipes profissionais para se destacarem. A questão é que as demandas em equipes profissionais são muito elevadas, e os resultados, cobrados de todos, inclusive do psicólogo do esporte. A falta de preparação do profissional pode frustrar todo o grupo, que lhe creditou grande expectativa. A recomendação, por experiência dos autores, é que o trabalho seja iniciado nas categorias de base, onde a resistência de atletas, treinadores e dirigentes é menor, implicando em menor cobrança e mais tempo para desenvolver uma preparação psicológica mais consistente.

Considerações Gerais Sobre o Processo de Periodização e Treinamento Esportivo

O aspecto psicológico é fundamental para um bom desempenho dos atletas (SAMULSKI & NOCE, 2002a; SAMULSKI et al., 2004). A seguir, algumas reflexões serão desenvolvidas considerando todas as etapas do trabalho em uma equipe esportiva.

No planejamento de um trabalho de médio-longo prazo da área de Psicologia do Esporte, diversos aspectos devem ser considerados para que o rendimento esportivo seja efetivo. O primeiro, sem dúvida, é conhecer a modalidade esportiva e as demandas que a prática de alto rendimento ou competitiva impõem ao atleta (NOCE, 2016). Esse aspecto fundamental impõe uma necessidade básica para os profissionais de Psicologia do Esporte serem bem-sucedidos: complementar sua formação na área de ciências do esporte.

Sobre as demandas básicas da modalidade, é importante que o psicólogo do esporte compreenda o efeito de treinamentos físico (força, velocidade, resistência, flexibilidade), técnico e tático, em condições normais e sob pressão, aos quais os atletas podem ser submetidos (WEINECK, 1989; GEUKES et al., 2012). Compreender que cargas de treinamento mal administradas podem provocar declínio de desempenho e, em consequência, afetar até aspectos emocionais dos atletas é fundamental para nortear determinadas intervenções. Na periodização de uma temporada (considerando 12 meses), normalmente são elencadas as competições principais e secundarias, de acordo com as metas estabelecidas. Essa escolha, feita normalmente pela comissão técnica, é chamada de macrociclo, que pode ser composto por um ou mais ciclos, dependendo do número de picos de performance desejado ao longo do ano. Um macrociclo é composto por vários períodos (preparatório, competitivo e transição ou demais nomenclaturas, de acordo com a teoria utilizada), que visam levar o atleta à máxima expressão de suas capacidades. Ser levado ao limite físico e mental diversas vezes em um ano é algo que tem se tornado comum em muitas modalidades. Consequências psicofisiológicas como estresse (GREENBERG, 2002; SAMULSKI & NOCE, 2011) e fenômenos como *overtraining* (SAMULSKI et al., 2009), *burnout* (HODGE & KENTTÄ, 2016) e *drop-out* (GIMENO, 2002) passam a ser cada vez mais frequentes no ambiente de treinamento. Essa unidade maior (macrociclo) pode ser organizada em unidades menores, chamadas de mesociclos (meses), que, por sua vez, podem ser compreendidas como um conjunto de microciclos (semanas), até chegar à unidade menor, a sessão de treinamento (ZAKHAROV, 1992; BOMPA, 2002).

Da mesma forma que as demais variáveis do desempenho, o treinamento psicológico deve fazer parte da vida diária do atleta (SAMULSKI, 2009). Portanto, o psicólogo do esporte, levando em consideração todas as variáveis inerentes ao rendimento esportivo e as características da modalidade, deve planificar seu trabalho. Outro aspecto fundamental para o sucesso da inserção do trabalho psicológico no esporte competitivo é uma boa integração com a comissão técnica, bem como com os demais profissionais da área da saúde e o setor administrativo ou de gestão da equipe, visto que todos têm influência sobre o desempenho do atleta/equipe.

O Processo de Diagnóstico

O processo de diagnóstico é determinante para o sucesso do trabalho (SAMULSKI & NOCE, 2002b). O diagnóstico tem a função de apresentar à comissão técnica indicadores do que será necessário trabalhar. Este processo considera as características de cada modalidade para determinar quais testes serão aplicados. Inicialmente, sugere-se a aplicação de entrevistas e instrumentos psicométricos básicos a fim de estabelecer o perfil de cada atleta e obter informações iniciais sobre a demanda individual e coletiva do grupo. Ao iniciar o trabalho com a equipe, também é saudável investigar o "momento" em que a equipe se encontra, visto que este aspecto pode influenciar o estado emocional e a predisposição do grupo a se comprometer com o trabalho do psicólogo do esporte.

O diagnóstico também pode ser organizado de acordo com as áreas cognitiva, comportamental e social. Deve-se também avaliar a real necessidade e a aplicabilidade das informações que serão geradas para melhor auxiliar o processo de intervenção. Também é fundamental ressaltar que a função básica da Psicologia do Esporte é, de acordo com Samulski (2009), descrever, explicar e prognosticar ações esportivas com o fim de desenvolver e aplicar programas cientificamente fundamentados de intervenção, levando em consideração os princípios éticos.

Do ponto de vista cognitivo, pode-se avaliar a tomada de decisão, os processos atencionais e perceptivos, o pensamento e o comportamento tático. Na linha comportamental, há uma ampla possibilidade de avaliação por intermédio do estresse, da motivação, do *overtraining*, do humor, da disciplina, entre outras. O aspecto social é avaliado pelos componentes da comunicação, da liderança e dos aspectos sociométricos.

Ao final da etapa de diagnóstico, o psicólogo do esporte deverá estar habilitado a auxiliar treinadores e atletas a estabelecerem metas de curto, médio e longo prazo, tanto individuais quanto coletivas.

Realizando a Intervenção

Conforme explicado anteriormente, a intervenção é realizada de forma específica para as demandas de cada modalidade ou atleta que foram identificadas no período de diagnóstico. Desta forma, serão apresentados exemplos aplicados em algumas modalidades paralímpicas e teorias que auxiliem na elaboração de novas medidas de intervenção.

Antes, no entanto, é importante observar a Figura 1 e refletir sobre aspectos importantes da intervenção em equipes esportivas. A figura diferencia a intervenção clínica da esportiva. A primeira trata de aspectos mais profundos (e, portanto, de forma mais lenta e gradual) do ser humano, que podem de alguma forma limitar o desempenho esportivo. No componente esportivo são elencadas algumas formas de intervenção com o atleta (individual e em grupo) e com o treinador, também levando em conta o momento da competição. Neste momento, é importante destacar, principalmente para psicólogos do esporte menos experientes, o que é possível efetuar. A competição é o momento mais importante para o atleta dentro da periodização. Assim, todo o trabalho de preparação (desenvolvimento das capacidades psíquicas) do atleta/equipe já deveria ter sido realizado de forma satisfatória, instrumentalizando-os para as diversas situações passíveis de ocorrência.

Figura 1: Tipos de intervenção psicológica

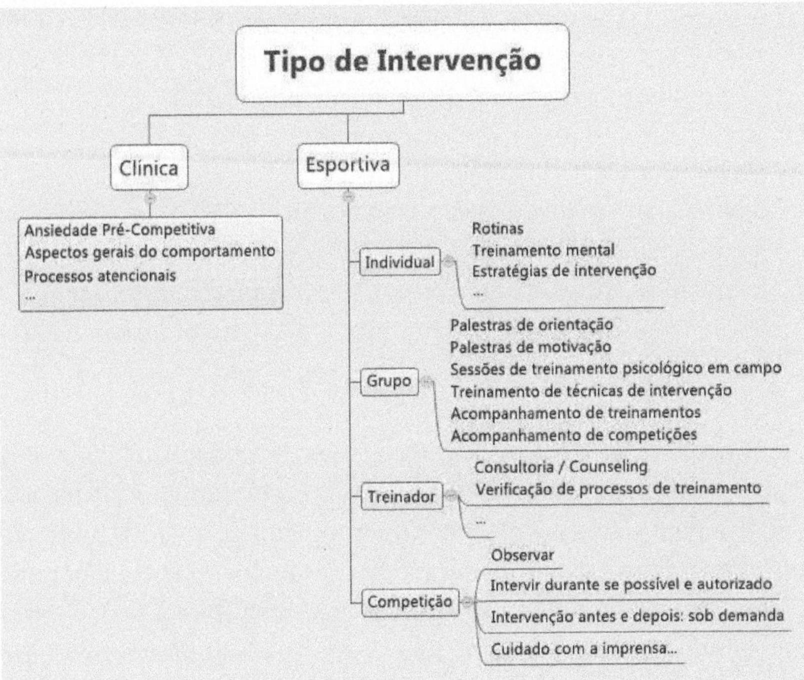

A seguir, é possível acompanhar algumas técnicas e estratégias psicológicas que podem ser utilizadas com atletas de modalidades coletivas ou individuais: as rotinas psicológicas e o treinamento mental.

Rotinas Psicológicas para a Competição

De acordo com Samulski (2009, p.160) "uma rotina psicológica representa uma combinação de diferentes técnicas fisiológicas e psicológicas com o fim de estabilizar o comportamento emocional de atletas na competição e de ajudá-lo a dirigir sua atenção aos estímulos relevantes da tarefa a ser realizada".

Estudos mostraram que atletas que aplicam rotinas de preparação mental, antes da competição ou durante a mesma, têm desempenho superior ao dos que não aplicaram tais técnicas (LOEHER, 1990; EBERSPÄCHER, 1995; ORLICK, 2000; GOULD & DAMARJIN, 2000; CREWS, 1993).

Elementos de uma rotina psicológica podem ser:

- estabelecimento de metas;
- regulação do nível de estresse e ativação;
- técnicas de imaginação e visualização;
- técnicas de atenção e concentração mental;
- autoafirmações positivas para motivar-se em situações decisivas.

As rotinas psicológicas podem ser desenvolvidas e aplicadas em esportes coletivos e individuais (SAMULSKI et al., 2005). A rotina psicológica para a competição em uma modalidade coletiva pode ser aplicada em diversos momentos, a fim de auxiliar o atleta a manter o foco em sua meta. Em uma partida de longa duração, na qual o atleta pode participar durante todo o tempo ou alternar momentos em quadra e no banco de reservas, é muito importante ser capaz de se manter alerta e processando todas as informações relevantes.

A rotina competitiva de uma modalidade individual tem uma finalidade específica, que é auxiliar o atleta na tomada de decisão e a definir a melhor estratégia a ser empregada no jogo. Um aspecto básico deste tipo de modalidade é qual tipo de postura adotar diante de cada adversário e em cada momento. Assim, a tática poderá ser ofensiva ou de segurança.

Diversas outras técnicas complementares podem ser aplicadas pelo atleta em diversas situações (SAMULSKI et al., 2011). O treinamento mental é uma técnica muito útil, que permite ao atleta planejar e repassar os procedimentos a serem executados na prova (BECKER & SAMULSKI, 1998). O pensamento negativo é, normalmente, um problema em diversas situações da competição, e manter o foco do atleta em aspectos produtivos ou na solução do problema é um desafio. Por fim, o desenvolvimento e o aprimoramento do estado de alerta é uma habilidade necessária em inúmeras modalidades.

A psicorregulação é um tipo de rotina que tem a finalidade de sustentar o atleta em seu nível ótimo de ativação para permitir o melhor rendimento (NOCE, 2016). Na relação entre o nível de ativação e o rendimento da atleta existe, para o melhor desempenho, uma concentração de energia de ativação ótima (expressa através de uma curva de U-invertido), sendo que tanto abaixo quanto acima deste nível o desempenho do atleta cai.

Treinamento Mental

O treinamento mental se apresenta como uma ferramenta muito útil para aprimorar o desempenho dos atletas, seja no aprendizado de novas técnicas e táticas, seja para estabilizar e otimizar o desempenho na competição através da aplicação de estratégias específicas. Samulski entende por treinamento mental "a imaginação de forma planejada, repetida e consciente de habilidades motoras, técnicas esportivas e estratégias táticas" (2009, p.143). Para Eberspächer, treinamento mental é "a repetição planificada da imaginação consciente de uma ação de forma prática" (1995, p.80).

Há diferentes conceitos e visões sobre o treinamento mental. Vários autores (UNESTAHL, 1989; GOULD & DAMARJIAN, 2000; EBERSPÄCHER, 1995; ORLICK, 1986; NIDEFFER, 1985; SUINN, 1993) entendem por treinamento mental (*mental practice*) um conceito complexo de diferentes habilidades mentais (*mental skills*), como estabelecimento de metas, aumento da autoconfiança, desenvolvimento da concentração, visualização e imaginação, controle da ativação e da ansiedade, rotinas mentais para a competição etc. Segundo Grosser e Neumaier (1982, p.68) *a imagem do movimento* é composta de diferentes componentes sensoriais. Pavio (1985) diferencia diferentes funções cognitivas e motivacionais durante o processo de imaginação.

A Figura 2 sintetiza informações importantes para reflexão, principalmente para os psicólogos do esporte menos experientes. Dentro do ambiente de treinamento esportivo, o principal posto hierárquico é normalmente ocupado pelo treinador. Desta forma, ter a confiança deste profissional é imprescindível para o sucesso da Psicologia do Esporte. Em relação ao diagnóstico, é uma fase fundamental, mas deve-se evitar a sobre-exigência dos atletas fazendo uso racional e preciso das ferramentas. E, por fim, a intervenção deve ocorrer sempre baseada na confiança do atleta/equipe, lembrando ainda dos princípios do treinamento psicológico (SAMULSKI, 2009) da não obrigatoriedade da participação e da individualidade.

Figura 2: Considerações sobre o treinamento psicológico

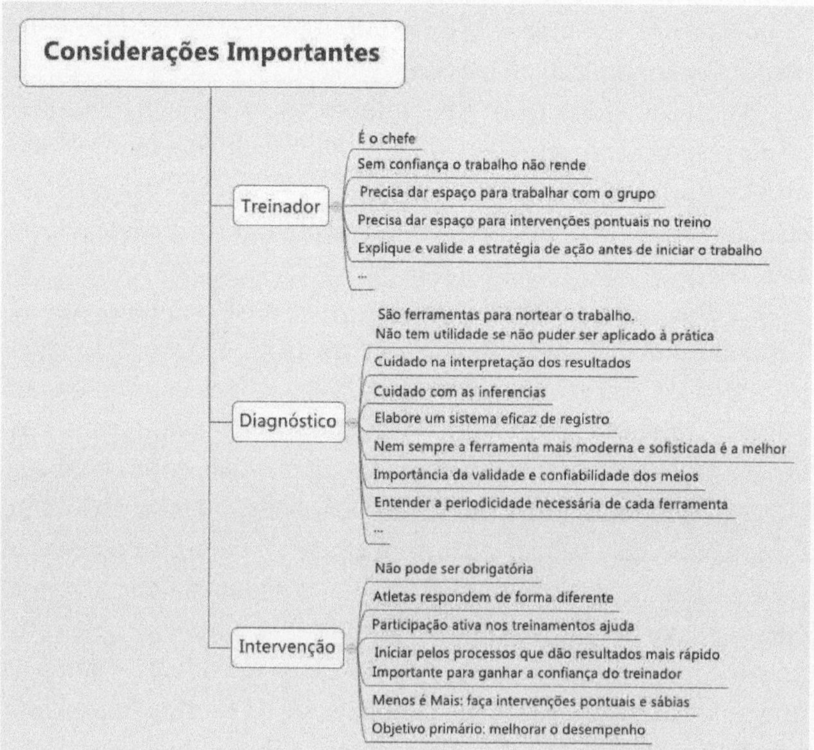

Considerações Finais

Os principais objetivos do treinamento psicológico são os seguintes: desenvolver as capacidades psíquicas do rendimento, criar um bom estado emocional durante os treinos e as competições e, finalmente, desenvolver uma boa qualidade de vida dos atletas, técnicos e outras pessoas envolvidas no esporte. O treinamento mental precisa ser considerado como um elemento do treinamento diário do atleta e do técnico. Antes de aplicar um treinamento psicológico, é necessário um diagnóstico preciso das condições psíquicas iniciais do atleta. O treinamento psicológico deve ser realizado com avaliação e acompanhamento permanentes para avaliar e controlar seus processos e efeitos, além de ser aplicado por profissionais bem qualificados nos diferentes métodos e programas.

O treinamento psicológico deve ser aplicado a atletas, técnicos, dirigentes, árbitros, pais de atletas, jornalistas esportivos e outras pessoas vinculadas ao meio do esporte competitivo, sendo importante utilizá-lo antes, durante e após a competição. Além disso, é importante aplicar o treinamento psicológico na iniciação esportiva, a fim de criar a cultura de trabalho nessa área e estimular, já nas tenras idades, as habilidades mentais e desenvolver programas de treinamento mental específicos para cada modalidade e situação.

Aplicar o treinamento psicológico na fase de recuperação de lesões, a fim de acelerar o processo de recuperação, e, por fim, aplicar o treinamento psicológico para melhorar a performance, a saúde e a qualidade de vida.

Referências Bibliográficas

Comitê Paralímpico Brasileiro. *Academia Paralímpica Brasileira: Apresentação.* Disponível em: http://www.cpb.org.br/web/guest/apresentacao. 2016. Acesso em 27 dez. 2016.

ALVES, J. Liderança e clima organizacional. In: ALVES, J. & BRITO, A. P. (Eds.), *Manual de Psicologia do Desporto para Treinadores* (1ª ed.). Lisboa: Visão e Contextos, 2011. p. 99-113.

ALVES, J. (2011). Processo de comunicação. In: ALVES, J. & BRITO, A. P. (Eds.), *Manual de Psicologia do Desporto para Treinadores* (1ª ed.). Lisboa: Visão e Contextos, 2011. p. 133-186.

ANJOS, D.R. *Elaboração e validação de um instrumento para percepção subjetiva dos fatores estressantes de atletas com deficiência física*. 2005. (Dissertação de mestrado). Escola de Educação Física da Universidade Federal de Minas Gerais, Belo Horizonte, 2005.

ARAUJO, D.; PASSOS, P.; ESTEVES, P. Teoria do treino da tomada de decisão no desporto. In: ALVES, J. & BRITO, A. P. (Eds.), *Manual de Psicologia do Desporto para Treinadores* (1a ed). Lisboa: Visão e Contextos, 2011. p. 265-294.

BECKER JUNIOR, B. *Manual de Psicologia do Esporte e Exercício*. Porto Alegre: Nova Prova, 2008.

BECKER JUNIOR, B.; Samulski, D. *Manual de treinamento psicológico para o esporte*. Porto Alegre: Feevale, 1998.

BOMPA, T.O. *Periodização: Teoria e metodologia do treinamento* (1ª ed.). São Paulo: Phorte Editora, 2002.

CARDOSO, V. D. A reabilitação de pessoas com deficiência através do desporto adaptado. *Revista Brasileira de Ciências do Esporte*, v.33, n.2, p. 529-539, 2011.

CARVALHO, C.A. Psicologia do esporte: percurso e possibilidade de atuação. *Ciências Humanas em Revista*, v.6, n.2, p. 1-10, 2008.

CONGRESSO BRASILEIRO E INTERNACIONAL DE PSICOLOGIA DO ESPORTE — CONBIPE, 2016. Disponível em: http://150.164.124.6/conbipe/index.html. Acesso em 27 dez. 2016.

CONGRESSO PARADESPORTIVO INTERNACIONAL — CPI, 2016. Anais. Disponível em: http://www.cpb.org.br/congressoparadesportivo/. Acesso em 27 dez. 2016.

CREWS, D. Self regulation strategies in sport and exercise. In: Singer, R. (Ed.), *Handbook of research on sport psychology*. New York: Macmillan, 1993. p. 557-568.

DUARTE, E.; SILVA, M.P.M. Pessoas com deficiência: aspectos epidemiológicos. In: MELLO, M.T.; WINCKLER, C. (Eds.), *Esporte Palímpico*. São Paulo: Atheneu, 2012. p. 27-33.

EBERSPÄCHER, H. *Entrenamiento mental: Un manual para entrenadores y deportistas*. Zaragoza: INDE-Publicaciones, 1995.

FREITAS, P.S.; SANTOS, S.S. Fundamentos básicos da classificação esportiva para atletas paralímpicos. In: MELLO, M.T.; WINCKLER, C. (Eds.), *Esporte Palímpico*. São Paulo: Atheneu, 2012. p. 45-49.

GEUKES, K.; MESAGNO, C.; HANRAHAN, S. J.; KELLMANN, M. Performing under pressure in private: Activation of self-focus traits. *International Journal of Sport and Exercise Psychology*, v.11, n.1, 2012. doi: 10.1080/1612197X.2012.724195

GILL, D. L. *Psychological dynamics of Sport*. Champaign, IL: Human Kinetics. 1986.

GIMENO, E. C. Abandono deportivo: propuestas para favorecer adherencia a la práctica deportiva. In: DOSIL, J. (Ed.), *Psicología y rendimiento deportivo* (1ª ed.). Ourense: Ediciones Gersam, 2002. p. 175-187.

GOULD, D.; DAMARJIAN, N. Treinamento Mental no Esporte. In: ELLIOTT, B. & MESTER, J. (Eds.), *Treinamento no Esporte*. São Paulo: Phorte Editora, 2000. p. 99-152.

GREENBERG, J. *Administração do estresse*. (6ª ed.). São Paulo: Manole, 2002.

GROSSER, M.; NEUMAIER, A. *Techniktraining*. München: BLV Sportwissen, 1982.

HODGE, K.; KENTTÄ, G. Athlete burnout. In: R. Schinke, K.R. McGannon, & B. Smith (Eds.), *Routledge International Handbook of Sport Psychology* (1ª ed.). London: Routledge, 2016. p. 157-166.

INSTITUTO BRASILEIRO DE GEOGRAFIA E ESTATÍSTICA — IBGE. *Censo Demográfico 2010*. Disponível em: http://biblioteca.ibge.gov.br/visualizacao/periodicos/94/cd_2010_religiao_deficiencia.pdf Acesso em 09 out. 2016.

INTERNATIONAL PARALYMPIC COMITEE — IPC, (2016). Disponível em: https://www.paralympic.org/rio-2016. Acesso em 09 out. 2016.

INTERNATIONAL SOCIETY OF SPORT PSYCHOLOGY — ISSP, (2016). *Code of Ethics*. Disponível em: http://www.issponline.org/p_codeofethics.asp?ms=3 Acesso em 26 dez. 2016.

LOEHR, J. *El juego mental*. Madrid: Ediciones Tutor, 1990.

MACHADO, A.A. Formação acadêmica e intervenção profissional na perspectiva da Psicologia do Esporte. *Motriz*, v.15, n.4, p. 935-943, 2009.

MELLO, M.T. *Paraolimpíadas de Sidney 2000:* avaliação e prescrição do treinamento dos atletas brasileiros. São Paulo: Atheneu, 2002.

MELLO, M.T. *Avaliação Clínica e da Aptidão dos Atletas Paraolímpicos Brasileiros*: conceitos, métodos e resultados. São Paulo: Atheneu, 2004.

NIDEFFER, R. *Athlete's guide to mental training*. Champaign: Human Kinetics, 1985.

NOCE, F. Aspectos Psicológicos. In: R. Paciaroni, & R.P. Urso. (Eds.). *Tênis: Novos caminhos para uma abordagem profissional*. Evora: São Paulo, 2016. p. 238-257

NOCE, F.; VIEIRA, L.F.; COSTA, V.T. Brazil. In: R.J. Schinke, K.R. McGannon, & B. Smith. (Eds.). *Routledge International Handbook of Sport Psychology*. Routledge: New York, 2016. p. 56-64.

ORLICK, T. *Coaches training manual to psyching for sport*. Champaign: Human Kinetics. 1986.

ORLICK, T. *In pursuit of excellence*. Champaign: Human Kinetics, 2000.

Pavio, A. Cognitive and motivational functions of imagery in human performance. *Canadian Journal of Applied Sport Sciences*, v.10, p.22-28, 1985.

Parsons, A.; Winckler, C. Esporte e a pessoa com deficiência: contexto histórico. In M. T. Mello, & C. Winckler (Eds.), *Esporte Paralímpico* (1ª ed.). São Paulo: Atheneu, 2012. p. 3-14.

Ruiz, E.J.G.L.F. Uma perspectiva do burnout no desporto 15 anos depois. In: J. Alves, & A. P. Brito (Eds.), *Manual de Psicologia do Desporto para Treinadores* (1ª ed.). Lisboa: Visão e Contextos, 2011. p. 231-250.

Samulski, D. *Psicologia do Esporte: Conceitos e novas perspectivas*. São Paulo: Manole, 2009.

Samulski, D.; Anjos, D. Contribuições da Psicologia do Esporte para o Desenvolvimento do Desporto Paraolímpico. In: *Anais do II Simpósio Internacional de Psicologia do Esporte e III Simpósio Paranaense de Psicologia do Esporte*. Curitiba, 2005. p. 95-97.

Samulski, D.; Costa, L.O.P.; Simola, R.A.P. Overtrainig e recuperação. In: D. Samulski (Ed.), *Psicologia do Esporte: Conceitos e novas perspectivas* (2ª ed.). São Paulo: Manole, 2009. p. 405-428.

Samulski, D.; Noce, F. Controlo do Stress do Treinador. In: J. Alves, & A. P. Brito (Eds.), *Manual de Psicologia do Desporto para Treinadores* (1ª ed.). Lisboa: Visão e Contextos, 2011. p. 215-230.

Samulski, D.; Noce, F. Avaliação psicológica do esporte. In: Mello, M.T. (org). *Paraolimpíadas de Sidney 2000:* avaliação e prescrição do treinamento dos atletas brasileiros. São Paulo: Atheneu, 2002ª. p. 99-133.

Samulski, D.; Noce, F. Perfil psicológico de atletas paraolímpicos brasileiros. *Revista Brasileira de Medicina do Esporte*, v.8, n.4, p.157-166, 2002b.

Samulski, D.; Noce, F.; Anjos, D.; Lopes, M. Avaliação Psicológica. In: M.T. Mello. (Ed.). *Avaliação clínica e da aptidão física dos atletas paraolímpicos brasileiros:* conceitos, métodos e resultados. São Paulo: Atheneu, 2004. p. 135-158.

Samulski, D.; Noce, F.; Costa, V.T. Mental preparation. In: Y.C. Vanlandewijck, & W.R. Thompson (Eds.), *Handbook of sports medicine and science: The paralympic athlete* (1ª ed.). Oxford: Wiley-Blackwell, 2011. p. 198-213.

Samulski, D.; Noce, F.; Raboni, M. Apoio Psicológico aos atletas Brasileiros durante as Paraolimpíadas em Atenas 2004: um relato de experiência prática. In: E. Silami-Garcia, & K. Lemos. (Eds.). *Temas atuais X em Educação Física e Esportes*. Belo Horizonte: Saúde. 2005.

Scheid, L.; Rocha, E.A. Organização administrative do desporto paralímpico. In: Mello, M.T.; Winckler, C. (Eds.), *Esporte Palímpico*. São Paulo: Atheneu. 2012. p. 35-42.

SUINN, R. Imagery. In R. Singer. (Ed.), *Handbook of Research on Sport Psychology*. New York. Macmillan. 1993.

UNESTAHL, L. Mental skills for sports and life. In *Proceedings of the 7th World Congress in Sport Psychology in Singapure*, 1989. p. 109-113.

VIEIRA, L.; VISSOCI, JR.; OLIVEIRA L.; VIEIRA J.L. Psicologia do Esporte: Uma Área Emergente da Psicologia. *Psicologia em Estudo*, v.15, n.2, p. 391-399, 2010

VIEIRA, L.; NASCIMENTO JUNIOR, J.R.; VIEIRA, J.L. O estado da arte da pesquisa em Psicologia do Esporte no Brasil. *Revista de Psicología del Deporte*, v.22, n.2, p. 501-507, 2013.

WEINECK, J. *Manual de treinamento esportivo* (1ª ed.). São Paulo: Editora Manole, 1989.

ZAKHAROV, A. *Ciência do Treinamento Desportivo* (1ª ed.). Rio de Janeiro: Grupo Palestra Sport, 1992.

Corpo e performance: reflexões sobre a dor em atletas de alto rendimento

Clarice Medeiros

Ao refletirmos sobre o estatuto da dor no esporte hoje, em particular a dor do atleta de alto rendimento, inevitavelmente vem à tona o lugar ocupado pelo corpo. Afinal, o atleta sempre busca levar o corpo ao limite, almejando a perfeição. É a lógica presente no esporte de hoje e nela subjaz a ideia de um corpo-máquina capaz de tudo: colocar em prática o máximo do seu rendimento e suportar qualquer dor em prol da vitória.

Essa lógica possui uma raiz histórica. Se o corpo hoje é palco das mais diversas manifestações e intervenções é porque o discurso médico-científico o colocou em um lugar de destaque. Precisamos nos debruçar primeiramente nessa construção para compreender o cenário esportivo atual.

A clínica médica é fruto de uma nova produção discursiva acerca da doença, construída com base em uma reorganização do campo hospitalar, em uma nova definição do estatuto do doente na sociedade e na instauração de determinada relação entre assistência e experiência, entre socorro e saber. Foi o olhar sobre a morte, com a dissecção de cadáveres, que possibilitou redefinir o campo da linguagem médica e a constituição de um novo discurso científico. Somente voltando o olhar para a morte a doença pode "tomar corpo no corpo vivo dos indivíduos", afirmou Foucault (1980/2006, p.217).

O filósofo francês descreve como, nos séculos XVII e XVIII, surgiu a técnica de poder centrada no corpo individual, denominada de disciplina. Na segunda metade do século XVIII, especificamente, emerge uma tecnologia de poder, a norma, que não exclui a anterior, mas que a integra e a modifica. Esta nova técnica age não apenas sobre o homem-corpo, mas sobre o homem vivo. Trata-se da "biopolítica da espécie humana" (FOUCAULT, 1975-76/2000, p.289). A medicina torna-se então uma estratégia biopolítica, pois o controle da sociedade não opera somente por meio de uma consciência ou ideologia, mas também e especialmente no corpo. Assim, a biopolítica instala o mecanismo da norma, o qual não age sobre o corpo individual, como faz a disciplina — mecanismo de poder instalado nos séculos XVII e XVIII —, mas encara o indivíduo mediante mecanismos globais para atingir equilíbrio e regularidade. Enquanto a disciplina é centrada no corpo e produz efeitos individualizantes, a norma é centrada na vida e busca um equilíbrio global.

Outro importante deslocamento ocorre na virada do século XVIII para o XIX. Neste momento, há um progresso da medicina em decorrência da quantidade de feridos e doentes nos hospitais devido à Revolução Francesa. A doença passa a interessar à coletividade e ao Estado, o qual se torna encarregado de cuidar da saúde dos cidadãos. A medicina torna-se, então, um assunto coletivo (CLAVREUL, 1983). Ao mesmo tempo, adquire um novo discurso, centrado na saúde, em vez de na doença, voltando-se para a normalidade. Com isso, seu conhecimento passa a ser construído não apenas de um *corpus* de saber e de técnicas de cura, mas principalmente em torno de um homem saudável, um homem que não é doente, um modelo.

Clavreul (1983) explica essa mudança afirmando que a medicina, com a Revolução Francesa, ao colocar o direito à saúde como imprescindível, suprime o direito à doença. Assim, o discurso médico impõe sua ordem até mesmo a sujeitos saudáveis, regendo as relações físicas e morais dos indivíduos e da sociedade na qual ele se insere. O sujeito, agora, alinhado com o discurso social, controla, vigia e governa a si mesmo. Surge aqui outro mecanismo, o de controle. A autonomia ganha é de vigiar-se. O indivíduo torna-se "expert" nele mesmo, em sua saúde e no seu corpo.

Ortega (2003) ressalta que o discurso do risco é um elemento estruturante central na biossociabilidade e no mecanismo de controle. O indivíduo é autônomo e responsável por meio da interiorização do discurso do risco. A consequência é que um indivíduo responsável orienta suas escolhas comportamentais e estilos de vida pela procura da saúde e do corpo perfeito, bem como pelo desvio dos riscos. Por intermédio de práticas bioascéticas, o indivíduo demonstra sua capacidade de cuidar de si e de construir sua identidade.

O discurso médico-científico constrói, assim, um modelo de ideal de sujeito que incide no desempenho físico. As ações individuais visam obter melhor forma física, maior longevidade, prolongamento da juventude etc. Desta forma, no cenário contemporâneo, o olhar, a atenção e a preocupação se voltam para o corpo. Para a ciência, o corpo torna-se fonte infindável de aperfeiçoamento. Vaz (1999) afirma que o mundo contemporâneo desenvolve uma série de artifícios que emergem como operadores e legitimadores do controle do corpo. Isto gera a ilusão de ser possível ter controle total do corpo, acarretando uma busca de ser sempre mais e melhor, com as doenças sendo vistas como deformadoras da figura humana, tornando-se sinônimos de fracasso pessoal (ORTEGA, 2003).

Ora, não é este o atleta de alto rendimento? Ou ao menos o que é esperado dele? Este profissional está constantemente aperfeiçoando seu corpo em prol do rendimento. E aquele que não atende à demanda de treinamentos e competições é considerado um fraco, um "amarelão", no linguajar corriqueiro. Aquele que supera todos os obstáculos é tido como herói.

No treinamento esportivo, o corpo tende a ser visto como um objeto operacionalizável, de forma que as metáforas o comparam a uma máquina. Tal concepção tenta fazer valer a ideia de que um corpo pode ser, da mesma forma que uma máquina, posto em ou tirado de funcionamento. Ou ainda que as suas peças podem ser trocadas para otimizar sua performance ou fazê-lo voltar a funcionar. Por intermédio dessa lógica se constrói uma consciência mecânica do corpo, fundamental para o desenvolvimento do esporte e do pensamento esportivo. Vaz conclui que "é preciso enquadrar o corpo num conjunto de princípios que o levem a um melhor rendimento, tratando-o como matéria modelável, adaptável, ou não há treinamento" (1999, p. 103)

No campo esportivo, a teoria hegemônica é que quanto mais treinamento, melhor. Se o atleta deseja competir em alto nível, é preciso começar a treinar desde cedo e com assiduidade. Como se espera rendimento do esportista e que seu corpo seja cada vez mais aperfeiçoado, para Markunas (2010), este indivíduo acaba aprendendo a conviver com uma imagem de invulnerabilidade — a crença de que ele é forte e capaz de todos os sucessos, quase sem limites.

É nessa esteira de pensamento que Rubio (2001) cunha o termo "atleta-herói". Os feitos realizados pelos competidores, somados a uma vida regrada, favorecem esta concepção. Quem consegue medalhas, vitórias e repetir suas conquistas encontra lugar na memória da sociedade como mito. Ao articular atleta e herói, cria-se um papel identitário do esportista como guerreiro, forte, corajoso. O esporte torna-se, assim, um cenário de representações heroicas que gera e propaga valores como os de tornar o impossível possível e de superar limites.

Para que o atleta atinja bons níveis de rendimento, é necessário alcançar a melhor condição física e psicológica. Como aponta Rubio (2013), é uma saúde compulsória, que reforça a imagem de que o atleta de alto rendimento é forte, capacitado e capaz de controlar suas ações, seu corpo e suas emoções, não sofrendo os mal-estares mundanos (doença, sofrimento, etc). Soma-se a isso a condição de trabalhar sempre tentando ultrapassar seu limite físico, o que reforça tais concepções, inclusive a de tolerância a lesões e dores.

Freud (1930/1996) demonstra que o corpo é uma das três vias de sofrimento para o sujeito, por ser condenado à decadência e à dissolução. Diante disso, não se pode dispensar o sofrimento e a angústia como sinais de advertência de que algo não está funcionando bem. Apesar de o sujeito ter recursos para lidar com as diversas formas de mal-estar, quando o sofrimento advém do corpo, estes recursos falham, adverte Freud (1930/1996). A primeira tentativa é sempre a de fuga, mas a fuga não tem serventia diante do mal-estar corporal: não é possível fugir de si mesmo. Dessa forma, é preciso um trabalho psíquico para que o sujeito reconheça o corpo como fonte inevitável de sofrimento e submeta-se a essa inevitabilidade, uma vez que nunca será possível dominar inteiramente o organismo corporal. Ele sempre permanecerá como estrutura passageira, com limitada capacidade de adaptação e realização.

Ao preconizar um homem modelo, um atleta-herói, institui-se uma lógica que exclui o sofrimento e a doença. Na medida em que é imposta uma saúde compulsória, o direito à doença é excluído. A fala do ex-jogador de vôlei de quadra Marcelo Negrão, em reportagem feita pelo programa Sportv Repórter, ilustra isso:

> É cruel com um atleta profissional, é. O atleta que realmente vive disso, que trabalha, vamos dizer, oito horas, para uma pessoa normal, o atleta trabalha oito horas em cima do seu corpo, seja ele na parte física, seja ele na parte técnica, seja ele na parte psicológica. O tempo inteiro você está querendo alcançar resultados melhores, o tempo inteiro você tem que ficar mostrando que você é o melhor (SPORTV, 2016).

Contudo, diante de tal demanda performática, o atleta acaba por lesionar seu corpo e por estar constantemente com dor. É comum que muitos jogadores treinem e joguem lesionados ou em constante estado de dor. O aumento da intensidade da prática esportiva ou de atividades físicas, conforme ocorre na atualidade, ocasiona um aumento do número de lesões.

O atleta busca, então, o aperfeiçoamento corporal, técnico, tático. Mas, com isso, ele se depara com um corpo limitado e lesionado. É um movimento paradoxal: se por um lado tenta ignorar ou superar as limitações que o corpo lhe impõe com as lesões, por outro aumenta a gravidade ou o número de lesões com que se depara.

No esporte, para Rubio (2013), é preciso considerar fatores físicos que desencadeiam casos de lesão e de dor, como desequilíbrios musculares, colisões, treinamento excessivo e fadiga física. Por considera-las "normais", treinadores e atletas não costumam atentar para dores existentes no início da temporada, o que pode produzir sérias alterações bioquímicas, histológicas e estruturais no tecido muscular. Silva, Rabelo e Rubio (2010) diferenciam dois tipos de dor que os atletas experimentam: a do treinamento e a oriunda de lesão. A primeira é entendida como fruto do desconforto causado por diversos momentos do treinamento, uma vez que esses períodos são de grande exigência física, necessária para se alcançar as demandas competitivas. Além disso, em alguns casos, há a referência de que sentir dor ao final de uma sessão de treinamento é indicação de um bom dia de trabalho (Rubio, 2013).

Já o segundo tipo de dor é experimentado como insuportável, por ser sinal de perdas sofridas — afastamento de treinos e competições e mudança de rotina. Devido à quantidade e à qualidade do esforço físico realizado, é possível afirmar que os praticantes de esporte de alto rendimento tendem a ter uma tolerância à dor mais alta do que a população em geral. Apesar disso, os atletas parecem não conseguir distinguir qual tipo de dor ignorar e qual atender e responder, desconhecendo a quantidade de dor que são capazes de tolerar.

Um atleta de vôlei de praia afirmava à psicóloga esportiva da equipe que o desgaste físico e a exaustão máxima era algo que ele tinha que passar se quisesse ser campeão. Para ele, o esforço e o cansaço eram o mínimo a ser vivido para conquistar o título. Lembramos que quanto maior a exigência, maior o esforço e, consequentemente, maior a possibilidade de ocorrer uma lesão e de esse atleta sentir dor e conviver com ela. Como relata o atleta, seu joelho doía, sua lombar doía, mas nada poderia ser feito diante disso. Deste cenário, extrai-se um discurso que visa à superação de limites. É preciso notar que a palavra "superação" é um jargão da área. Assim, o mínimo que se quer é 100%, ou seja, é demandando e esperado que a performance do atleta alcance no mínimo seu máximo.

Por estar identificado à imagem do herói e inserido em um contexto no qual lesão e dor são naturalizadas e permitidas, o atleta frequentemente sofre em silêncio. Reiterando tal concepção, Silva, Rabelo e Rubio (2010), ao abordarem o tema da dor no esporte, salientam que do atleta esperam-se tolerância à dor e convivência com ela. Ele deverá suportar a dor silenciosamente, afirmando os valores que lhe são designados, como coragem e força, de acordo com seu papel identitário de atleta-herói.

Para Vaz (1999), não há espaço para a dor, já que o corpo acaba por ser dissecado pela ciência e potencializado na forma de progresso e sucesso. A prática dos profissionais que trabalham com o atleta geralmente é a de poder recolocar rapidamente o potencial corporal e esportivo dele em jogo, fazendo coro ao discurso instalado. Porém, se há um corpo lesionado, um corpo dolorido, não haveria um corpo e, principalmente, um sujeito a ser ouvido? Será que podemos encarar a lesão e a sua dor correlata apenas como algo biológico ou orgânico?

Considerar apenas a característica sensorial da dor, especialmente sua intensidade, ignorando suas propriedades afetivas e motivacionais é olhar apenas para parte do problema, e, talvez, nem mesmo para a parte mais importante dele, sublinha Rubio (2013). É ouvindo o atleta que podemos encarar a lesão e a dor para além de estiramento muscular, fissura óssea e outros tantos nomes e possibilidades que o corpo tem para sucumbir diante do excesso de treinamentos e competições.

Outro atleta de vôlei de praia frequentemente se queixava de dores no joelho e, às vezes, de dores no ombro com os membros da equipe. Certa vez, expôs à psicóloga esportiva que a dor era tão presente em sua vida que ele já não dava mais importância. Havia uma naturalização da dor, de modo que ele afirmava o que constantemente ouvimos ao atender um esportista: não existe atleta sem dor. É como se para ser atleta de alto rendimento o sujeito precisasse sentir dor e tolera-la, e ainda, com ela, ser campeão, ou melhorar sua performance esportiva. Tal concepção está alinhada àquilo que havíamos dito: o atleta se identifica com a figura do herói, aquele que apesar de todo sofrimento é capaz de grandes feitos. Em um atendimento com a psicóloga, o atleta relata não saber qual é o seu limite, referindo-se ao treinamento. Diz que se sente "inteiro" depois de um dia de treinamento, enquanto outros atletas aparentam estar exaustos. No entanto, diante dos maus resultados no campeonato, questiona-se e diz que se sente estagnado, como se as coisas não fluíssem, e continua afirmando que tudo isso é *doloroso*.

Instala-se aí, novamente, um paradoxo. Se por um lado esse sujeito é impelido a treinar e competir lesionado e com dor em prol da superação dos limites humanos, por outro, é justamente por ele se encontrar nesse estado que não consegue, muitas vezes, chegar nem perto de sua performance comum — fracasso!

Ronaldo Nazário de Lima, ex-jogador de futebol, mais conhecido como Ronaldo Fenômeno, em uma entrevista sobre a aposentadoria, em 2010, também apresentado pelo programa Sportv Repórter, afirma que "tinha realmente dado o máximo, mas um máximo que nunca imaginei que poderia chegar... como sacrifício" (SPORTV, 2010).

Quando expressou a dificuldade em parar de jogar, fez uma analogia ao que chamou de "sua primeira morte". Disse que, no dia anterior ao anúncio da aposentadoria, sentia-se na UTI. Ponderou que podia continuar jogando, pois psicologicamente e mentalmente estava bem e queria continuar, porém concluiu que "também tenho que assumir algumas derrotas. E eu perdi para o meu corpo". Mais adiante, explica:

> [...] esse ano de 2010 foi um ano péssimo, de muitas lesões. E começar o ano assim, com muitas lesões... e você jogar, e tua cabeça pensar numa coisa, e você driblar o zagueiro e achar que você vai ganhar na velocidade, porque você sempre fez isso, e você não conseguir... foi o que me motivou.

Markunas (2010) menciona diversos estudos que indicam haver uma relação entre os acontecimentos da vida do atleta e as lesões. Ao analisar o histórico de lesões, a autora marca a importância de investigar os eventos estressantes da história desse sujeito e como ele responde a eles.

Brandão e Agresta (2008) comentam que uma lesão, seja em um atleta de alto nível ou não, isola o indivíduo das atividades esportivas ou, pelo menos, coloca-o em condições de não poder atender as demandas dessa prática. Contudo, também é importante atentar para o fato de que, muitas vezes, as lesões aparecem como um alívio, ocupando um espaço funcional na vida do sujeito, seja nas relações no seu meio social, seja na equipe esportiva.

Desta maneira, conhecer a história de vida do atleta e o papel da lesão em sua história é um fator fundamental, pois, muitas vezes, não se trata de auxiliar a reabilitação da lesão propriamente dita, mas do auxílio a uma condição mais conflituosa e singular (Markunas, 2010), uma vez que cada lesão apresenta um cenário de ajuste psicológico ao trauma físico (BRANDÃO & AGRESTA, 2008).

Lembramos que quando alguém se lesiona gravemente, dirige-se ao serviço de saúde denominado de traumatologia ou trauma-to-ortopedia, que trata exclusivamente do trauma físico, conforme concebido pela medicina. A palavra "trauma" origina-se do grego e significa ferida, ato de furar (RUDGE, 2003; CANAVEZ & HERZOG, 2011). A noção de traumatismo é herdeira da medicina e da clínica cirúrgica, remontando às consequências de ferimentos ou lesões causadas por um choque mecânico, ou seja, por uma violência de origem externa.

As raízes da noção de trauma são identificadas no campo da medicina física como uma lesão provocada por agentes externos em um organismo e pressupõem uma marca visível aos olhos do médico e por ele manipulável (CANAVEZ & HERZOG, 2011). Na linguagem médica, trauma ou traumatismo são uma lesão de extensão, intensidade e gravidade variáveis, que pode ser produzida por agentes externos diversos (físicos, químicos, etc.), de forma acidental. Também pode ser uma agressão emocional, capaz de desencadear perturbações psíquicas e, em decorrência, somáticas. Já no âmbito da psicopatologia, trauma designa acontecimentos que rompem radicalmente com um estado de equilíbrio do psiquismo, causando um desarranjo, uma desorganização psíquica e, consequentemente, impondo um árduo trabalho de reestruturação psíquica (RUDGE, 2003).

Na leitura psicanalítica, herdeira do discurso médico, mas que dele se diferencia, o trauma é um acontecimento da vida do sujeito que se define pela intensidade (em termos econômicos, o trauma é sempre um excesso) e pela incapacidade que o sujeito encontra de reagir de forma adequada a ele devido ao transtorno e aos efeitos patogênicos duradouros provocados na organização psíquica (LAPLANCHE e PONTALIS, 2001). Ou seja, diante de uma demanda excessiva de rendimento, frequentemente nos deparamos com atletas lesionados, traumatizados. E da lesão e do trauma, frequentemente, origina-se a dor. A dor é abrupta e desorganizadora do sujeito.

A abordagem da dor teve variações ao longo do tempo e de acordo com cada sociedade. De acordo com José Aparecido Silva e Nilton Ribeiro-Filho (2011), antes do século XIX, a dor era definida como um fenômeno da mente e poucas tentativas foram feitas para tentar explicá-la em termos anatômicos e fisiológicos. Com a evolução do pensamento e das pesquisas médico-científicas, progressos ocorreram no conhecimento da anatomia e da fisiologia do corpo humano. A dor passou então a ser entendida como um sistema sensorial humano, com o chamado modelo nociceptivo.

A fisiologia ocupa um lugar privilegiado para compreender o processo de dor. Contudo, nocicepção e dor são processos diferentes, pois uma pessoa com lesões tecidulares, que supostamente deveriam produzir sensações dolorosas, pode não apresentar qualquer indício de dor, ao mesmo tempo em que uma pessoa pode ter um quadro de dor sem ter uma atividade nociceptiva evidente. Por esta razão, Silva e Ribeiro-Filho (2011) abordam a dor como um problema psicofísico. Para estes autores, o conceito de dor tem mudado de um simples sinal neurofisiológico para um fenômeno psicofisiológico complexo. Esta recente mudança ocorreu, em parte, por causa de pesquisas que demonstram que a gravidade da dor registrada pode estar relacionada a sintomas fisiológicos específicos, combinados ao efeito de uma ou mais variáveis psicológicas. Fatores culturais, influências sociais moduladoras, assim como fatores de personalidade e comportamentos instrumentais, podem influenciar o registro da dor.

A dor caracteriza-se por duas propriedades genuínas — uma sensação corporal e um efeito afetivo de natureza aversiva — e é vivenciada tanto no nível físico quanto no afetivo. Nessa vertente, para Rubio (2013), a dor é um sintoma que pode ser acompanhada ou não de uma doença, e pode ser descrita como um sofrimento de origem física, psíquica ou de ambos.

Se a dor corporal já foi concebida como um sofrimento da alma e, depois, exclusivamente como mecanismo físico, biológico e químico, nos dias atuais é incabível concebê-la como dissociada do psiquismo. Não é possível abordar lesão, dor ou qualquer outra doença isolada dos efeitos que estas possuem na subjetividade. Manoel Berlinck (1999) afirma que a dor é um afeto que incide na carne e Juan-David Nasio (2008) define a dor da lesão como um afeto sentido pelo eu, de modo que toda lesão corporal será vivenciada pelo sujeito como uma ruptura fronteiriça.

As diferentes formas de expressar e lidar com a dor sinalizam maneiras peculiares da relação que o sujeito estabelece com seu corpo. Segundo Sulei Minatti (2012), as manifestações das dores são sempre singulares, surpreendentes e escapam de qualquer padrão predeterminado. Para Moura (2000), trabalhar com estes pacientes é afirmar e sustentar a dimensão do sujeito deste ainda *assujeitado*, e, podemos acrescentar, alienado ao saber médico, de modo que eles ocupam uma posição passiva no tratamento. A resposta do discurso médico é a do pronto-socorro, de modo que a medicina vai escutar o chamado respondendo prontamente. Porém, isso tem o custo do apagamento do tempo do sujeito, tratando o corpo doente de acordo com os signos e sintomas do paciente.

Curiosamente (ou não), quando um atleta se lesiona, dificilmente se dirige à psicóloga para falar sobre sua lesão. O primeiro movimento (quando há) é ir ao médico ou ao fisioterapeuta. Retomamos a pergunta anterior: se há um corpo lesionado, um corpo dolorido, não haveria um corpo e, principalmente, um sujeito a ser ouvido? Como o psicólogo esportivo pode compreender isso? Não haveria nada a fazer?

Acreditamos que essa não demanda ao psicólogo é decorrente primeiro de um tamponamento da questão do sujeito pelo saber médico, ou seja, um assujeitamento. Mais uma vez, lembramos, o atleta procura superar sua lesão e sua dor em prol de um corpo aperfeiçoado e identificado com a figura do herói. Além disso, quando a gravidade da sua lesão e de sua dor não lhe permite supera-las com os recursos utilizados comumente, ele procura a medicina para lhe "corrigir" — ou seja, para voltar a treinar e competir logo. O atleta fica apassivado diante do saber médico.

Em segundo plano, está a possibilidade de falar sobre sua dor. Diante disso, o sujeito se silencia (MOURA, 2000). A dor é, assim, um "não poder dizer, uma mudez desesperada" (BARRETO, 1995, p. 21). Mesmo assim, o psicólogo será aquele profissional que poderá acolher e escutar o sofrimento, apostando na saída da posição de *assujeitado* e podendo advir a dimensão do sujeito, com suas histórias, questões, demandas. Com isso, busca-se reinserir a lesão e a dor na história do sujeito, auxiliando-o no processo de reabilitação.

Por escapar ao saber médico, o psicólogo encontra um campo fecundo de atuação, podendo responder a demanda por tratamento, ouvindo e acolhendo o paciente de uma forma diferente à dos profissionais da área médica. "A dor clama por um nome", afirma Minatti (2012, p. 831). É o psicólogo que vai permitir que o sujeito resgate ou até mesmo construa um sentido para sua dor. A aposta é que o sujeito fale sobre sua dor. "E, ainda que não fale da dor, ou fale da forma como ela se apresenta em sua concepção, seu percurso pela fala mostra efeitos sobre a dor" (Minatti, 2012, p. 829).

A fala proporciona desdobramentos como pedidos, questões, perguntas, elaborações que permitem ao sujeito sair da posição de mero portador da lesão e da dor. O entendimento da lesão pelo atleta é fundamental, sendo necessário discutir o papel dela em sua vida, sua importância e seu significado. Markunas (2010) salienta que os lesionados não podem esperar pelas consequências positivas, é preciso que eles próprios ajam.

Com a oferta de uma escuta que não é qualquer, abre-se a possibilidade de mudança de uma posição passiva diante do tratamento para um ativa, de modo que o sujeito se torna agente de sua questão. Nessa vertente, o caminho para o trabalho do psicólogo é o de auxiliar o atleta a buscar um sentido para a lesão e para a prática esportiva, além de responsabilizá-lo pelo seu tratamento, inserindo a lesão e a dor em sua história de vida. Desta forma, o psicólogo, ao abrir a possibilidade de escuta daquele que sofre para além do diagnóstico médico, permite que as experiências sejam faladas e articuladas pela própria história do sujeito, propiciando uma elaboração daquilo que lhe acomete.

Referências Bibliográficas

Barreto, Maria Lessa de Barros. Sobre a experiência de dor. In: *Letra Freudiana 15: 100 anos do projeto freudiano*. Rio de Janeiro: Ed. Revinter, 1995

Berlinck, Manoel Tosta. A dor. In: M. T. Berlinck (org) *Dor*. São Paulo: Escuta, 1999.

Brandão, Maria Regina Ferreira; Agresta, Marisa Cury. As lesões e o esporte de rendimento: uma análise à luz da Psicologia do Esporte. In: Brandão, Maria Regina Ferreira e Machado, Afonso Antonio (org.) *Coleção Psicologia do Esporte e do Exercício: vol.2: Aspectos psicológicos do rendimento esportivo*. São Paulo: Editora Atheneu, 2008.

Canavez, Fernanda; Herzog, Regina. Entre a psicanálise e a psiquiatria: a medicalização do trauma na contemporaneidade. *Tempo Psicanal.*, Rio de Janeiro, v. 43, n. 1, p. 111-129, jun. 2011. Disponível em <http://pepsic.bvsalud.org/scielo.php?script=sci_arttext&pid=S0101-48382011000100007&lng=pt&nrm=iso>. Acesso em 18 nov. 2016.

Clavreul, Jean. *A Ordem Médica: poder e impotência do discurso médico*. São Paulo: Editora Brasiliense, 1983.

Foucault, Michel. (1975-1976). Aula de 17 de março de 1976. *Em defesa da sociedade*. Curso no Collège de France. São Paulo: Martins Fontes, 2000

______. (1980) *O nascimento da clínica*. 6ª ed. Rio de Janeiro: Forense Universitária, 2006.

Freud, Sigmund. (1930) O mal-estar na civilização. In: *Obras psicológicas completas de Sigmund Freud: edição standard brasileira. O futuro de uma ilusão, o mal-estar na civilização e outros trabalhos*. Rio de Janeiro: Imago, 1996, Vol. XXI.

Laplanche, Jean; Pontalis, Jean-Bertrand. Vocabulário da psicanálise. 4ª Ed. São Paulo, Martins Fontes, 2001

Markunas, Marisa. Reabilitação Psicológica do atleta lesionado. In: Rubio, Katia (org.) *Psicologia do Esporte Aplicada*. 2ª ed. São Paulo: Casa do Psicólogo. 2010

Minatti, Sueli Pinto. O psicanalista no tratamento da dor. *Rev. Latinoam. Psicopatol. Fundam.*, São Paulo, v. 15, n. 4, p. 825-837, Dez. 2012. Disponível em <http://www.scielo.br/scielo.php?script=sci_arttext&pid=S1415-47142012000400006&lng=en&nrm=iso>. Acesso em 18 nov. 2016.

Moura, Marisa Decat. (org) Introdução. In: Moura, Marisa Decat (org). *Psicanálise e Hospital*. Rio de Janeiro: Revinter, 2000.

Nasio, Juan-David. *A dor física*. Rio de Janeiro: Jorge Zahar Ed., 2008.

Ortega, Francisco. Práticas de ascese corporal e constituição de bioidentidade. *Cadernos Saúde Coletiva*, Rio de Janeiro, 11(1): 59-77, 2003. Disponível em: http://www.iesc.ufrj.br/cadernos/images/csc/2003_1/artigos/2003_1%20FOrtega.pdf

Rubio, Katia. *O imaginário esportivo contemporâneo: o atleta e o mito do herói*. São Paulo: Casa do Psicólogo, 2001.

______. *Atletas do Brasil olímpico*. São Paulo: Kazuá, 2013.

RUDGE, Ana Maria. Trauma e temporalidade. *Rev. Latinoam. Psicopatol. Fundam.*, São Paulo, v. 6, n. 4, p. 102-116, Dez. 2003. Disponível em <http://www.scielo.br/scielo.php?script=sci_arttext&pid=S1415=47142003000400102-&lng=en&nrm-iso>. Acesso em 18 Nov. 2016.

DA SILVA, José Aparecido; RIBEIRO-FILHO, Nilton Pinto. A dor como um problema psicofísico. *Rev. Dor*, São Paulo, v. 12, n. 2, p. 138-151, Jun. 2011. Disponível em <http://www.scielo.br/scielo.php?script=sci_arttext&pid=S1806-00132011000200011&lng=en&nrm=iso>. Acesso em 18 Nov. 2016.

SILVA, Elisa Martins da; RABELO, Ivan; RUBIO, Katia. A dor entre atletas de alto rendimento. *Rev. Bras. Psicol. Esporte*, São Paulo, v. 3, n. 1, p. 79-97, Jun. 2010. Disponível em <http://pepsic.bvsalud.org/scielo.php?script=sci_arttext&pid=S1981-91452010000100006&lng=pt&nrm=iso>. Acesso em 18 nov. 2016.

SPORTV. *Sportv Repórter — Dor e Lesões no Esporte*. Rio de Janeiro, 2010 Disponível em <http://video.globo.com/Videos/Player/Esportes/0,,GIM1340062-7824-SPORTV+REPORTER+DOR+E+LESOES+NO+ESPORTE,00.html>. Acesso em 4 jul. 2011.

______. *Sportv Repórter — A despedida do Fenômeno*. Rio de Janeiro, 2011. Disponível em <https://www.youtube.com/watch?v=Ld5-PR8SevU>. Acesso em 4 jul. 2011.

VAZ, Alexandre Fernandez. Treinar o corpo, dominar a natureza: notas para uma análise do esporte com base no treinamento corporal. *Cad. Cedes*, Campinas, v. 19, n. 48, p. 89-108, Ago. 1999. Disponível em <http://www.scielo.br/scielo.php?script=sci_arttext&pid=S0101-32621999000100006&lng=en&nrm=iso>. Acesso em 18 nov. 2016.

Compreensão e intervenção da motivação na psicologia do esporte: avanços científicos

Adriana Lacerda • Mario Luiz C. Barroso

O fascínio pelo esporte é cada vez maior, e sua prática conquista mais adeptos a cada dia, fazendo parte, de algum modo, da vida das pessoas de todo o mundo. Como exemplo, destaca-se o maior número de países filiados ao Comitê Olímpico Internacional (COI) do que à Organização das Nações Unidas (ONU). Eventos esportivos de grande dimensão como os que o Brasil sediou em 2014 e em 2016 chamam a atenção do mundo inteiro e, por consequência, atraem tanto o interesse de empresas que buscam visibilidade através do esporte como inspiram indivíduos a iniciar, retomar ou persistir nas mais diversas modalidades esportivas. Para ter noção do impacto desses eventos, a Copa do Mundo de 2014 obteve audiência acumulada de 30 bilhões de pessoas, e as Olimpíadas de Londres somaram 4,3 bilhões de espectadores em 2012 (AGÊNCIA ESTADO, 2014).

No esporte de rendimento ou competição, destacam-se exigências fisiológicas, psicológicas e sociais impostas ao praticante. A adesão à prática esportiva vem crescendo em inúmeros países em função do crescimento da qualidade de vida e do aumento do tempo livre. Conforme estudos sobre aderência, todas as pessoas, atletas ou não, possuem várias razões para praticar esportes e fazer exercícios, mas nem sempre os motivos que levam alguém a se envolver com determinada modalidade são os mesmos que garantem sua permanência nela (SAMULSKI, 2009; WEINBERG & GOULD, 2014).

Há diversas definições para *motivação*, um dos temas mais estudados na Psicologia. O senso comum gera explicações como "característica interna de personalidade", "influência externa" ou "consequência para um comportamento", que ficam abertas a interpretações que variam conforme o contexto, a personalidade e a experiência dos interessados no assunto.

Entre as abordagens gerais do estudo da motivação, a mais tradicional pressupõe que os indivíduos têm disposição para realizar e que isso os motiva a se envolver em atividades. Uma segunda abordagem se concentra mais no como e por que os indivíduos são motivados (ROBERTS et al., 1986; PISANI et al., 1990; WEINBERG & GOULD, 2014).

As pesquisas mais recentes sobre motivação em vários ramos da Psicologia abandonaram a busca por uma teoria com pretensões de validade universal sobre o assunto, concebendo-o como uma combinação de uma série de processos que levam à persistência de comportamento com duração considerável (DORSCH et al., 2001), ou, mais objetivamente, como a direção e a intensidade de um esforço. Pisani et al. (1990) afirmam que não se trata de um fenômeno observável ou mensurável, e Samulski (2009) entende que a motivação é um processo ativo, intencional e dirigido a uma meta, dependente da interação de fatores pessoais e ambientais.

No que se refere à orientação conceitual, existem diferentes modelos teóricos para interpretar o processo motivacional. Entre os principais, Pisani et al. (1990) destacam as teorias Comportamental, Cognitiva, Psicanalítica e Humanista. Especificamente sobre a motivação no contexto do esporte e exercício, pode-se destacar a Teoria da Necessidade de Realização, de Atkinson; a Teoria da Atribuição, de Heider e Weiner; a Teoria das Metas de Realização, de Nicholls e Duda; a Teoria da Motivação para a Competência, de Weiss e Chaumeton; Teoria da Avaliação Cognitiva, de Deci e Ryan; e Teoria de

Motivação para o Rendimento, de Heckhausen (WINTERSTEIN, 2002; SAMULSKI, 2009; WEINBERG & GOULD, 2014).

A motivação para o rendimento, ou seja, o desejo de melhorar, aperfeiçoar ou manter o rendimento em alto nível, caracteriza-se essencialmente por duas tendências: procurar o êxito (perfil de atleta vencedor) e evitar o fracasso (perfil de atleta perdedor). Elaborada por Heinz Heckhausen entre 1963 e 1980, essa teoria representa o esforço de superação do indivíduo, seja por normas de referência individuais (autossuperação), seja por normas sociais (competitividade) (WINTERSTEIN, 2002; SAMULSKI, 2009).

A motivação é um fator muito importante na busca de qualquer objetivo do ser humano e, ao lado da ansiedade e da agressividade, é uma das manifestações da ativação — a energia psicofísica de cada indivíduo. Como resultante dessa energia, a motivação oscila entre os extremos da letargia (ativação baixa) e euforia (ativação alta) — o que determina sua intensidade. Complementarmente, a motivação tem em intenções, interesses, motivos e metas seus determinantes de direção de comportamento. Note-se que, apesar de autores como Davidoff (1983) compreenderem os termos "motivação" e "motivo" como sinônimos, aqui já se estabelece uma diferença entre ambos: o motivo seria um determinante direcional do comportamento, um aspecto da motivação (BECKER JR., 2000; FIGUEIREDO, 2000; SAMULSKI, 2009).

Existem, basicamente, três visões teóricas sobre a motivação: centrada no traço, centrada na situação e a interacional. A visão centrada no traço sustenta que o comportamento motivado ocorre em função das características de personalidade do indivíduo, bem como de suas necessidades e objetivos. A visão centrada na situação acredita que a motivação depende do momento, do contexto, independente das características individuais. A visão interacional, com maior aceitação na atualidade, estabelece que a motivação não se origina exclusivamente no traço ou na situação, mas na reunião dos dois fatores. Assim, é necessário analisar as diferenças individuais em situações variadas, ou seja, não se deve compreender o comportamento do aluno ou do atleta sob conceitos rígidos, pois ele varia conforme a história de vida e as contingências do ambiente (FIGUEIREDO, 2000; WINTERSTEIN, 2002; WEINBERG & GOULD, 2014).

A motivação também pode ser classificada em intrínseca e extrínseca. As intrínsecas são aquelas que satisfazem o sujeito pela própria participação na atividade, dividindo-se em motivação pelo ego (superação pessoal) e pelo prazer da tarefa. As pessoas motivadas intrinsecamente visam a competência, o domínio da tarefa, a competição, a ação, a diversão e a aquisição de habilidades, e seu nível de expectativa costuma se elevar regularmente.

As motivações extrínsecas são recompensas ou punições advindas de outras pessoas. Como exemplos de recompensas podem ser citados elogios, aplausos, prêmios, troféus, medalhas, dinheiro, viagens, notas e bolsas escolares. Como punições, a privação de privilégios, as críticas, as ridicularizações, vaias, exercícios e trabalhos extras e descontos salariais. Em termos de classificação, a motivação extrínseca se divide em recompensas e avaliação social. Segundo estudos, os motivos intrínsecos predominam sobre os extrínsecos entre crianças e jovens no que se refere à prática esportiva (SKINNER, 1968; ROBERTS et al., 1986; FELIU, 1997; FRANCO, 2000).

A motivação está intimamente ligada ao tipo de reforço que o indivíduo recebeu. Basicamente, se for recompensado (reforço positivo), ele tende a se motivar para repetir o comportamento. Caso seja punido (reforço negativo), tende a se motivar a evitar aquele comportamento. Skinner (1968) afirma que o aluno esforçado, por exemplo, nada mais é do que alguém exposto a contingências eficientes de reforço. Com a devida compreensão dessas contingências, é possível despertar disposição e interesse, por exemplo, em alunos e atletas, garantindo que continuem a desfrutar de seu aprendizado pelo resto da vida (ROBERTS et al., 1986; WEINBERG & GOULD, 2014).

A motivação é uma questão central na Psicologia do Esporte, sendo tão importante para psicólogos quanto para professores, técnicos, parentes e dirigentes. Afinal, é uma área de estudo que se propõe a investigar, analisar e explicar os comportamentos dos organismos dirigidos a uma meta conhecida ou desconhecida. A motivação origina uma das maiores produções em termos de discussão em congressos e literatura científica no que se refere tanto a jovens quanto a adultos. Sua compreensão é essencial para orientação, acompanhamento e gestão de atletas e praticantes de atividade física, envolvendo mais do que encorajar com prêmios e palavras ou punir com exercícios físicos extras e descontos salariais (ROBERTS, SPINK & PEMBERTON, 1986; SERPA, 1990; WINTERSTEIN, 2002).

Os responsáveis por atletas e equipes devem levar uma série de fatores em consideração em treinamentos e competições: as pessoas possuem vários motivos para se envolver em determinada atividade; é importante mudar o ambiente para aumentar a motivação; os líderes influenciam a motivação. Ao desenvolver uma visão realista da motivação, percebe-se que é mais fácil manipular alguns fatores motivacionais do que outros, dependendo de capacidades pessoais, do tempo e dos recursos dos técnicos e professores. Contudo, uma pessoa dificilmente converte seu aprendizado em desempenho mediante sanções negativas ou condições desfavoráveis (BANDURA, 1971; FELIU, 1997; WEINBERG & GOULD, 2014).

Os indivíduos não participam de atividades físicas e esportivas somente por motivos individuais, mas também influenciados por métodos e situações. Isso explica por que algumas pessoas são mais motivadas do que outras, bem como suas escolhas e nível de desempenho. Dois fatores importantes que afetam o desempenho e a participação no esporte são a motivação para a realização e a competitividade. O primeiro trata dos esforços de alguém para realizar tarefas, superar limites, atingir excelência e se orgulhar de suas realizações. No segundo, a disposição para superar limites ao se comparar com outros ou consigo mesmo, geralmente na presença de avaliadores (SINGER, 1984; WINTERSTEIN, 2002; WEINBERG; GOULD, 2014).

Outro importante aspecto a ser levantado é a orientação motivacional do indivíduo envolvido no esporte. Existem duas perspectivas básicas com as quais esse indivíduo julga sua competência e, subjetivamente, define seus sucessos e fracassos: a orientação para o ego e a orientação para a tarefa. Pessoas voltadas para a tarefa visam autossuperação: domínio e refinamento de habilidades, esforço contínuo, busca por competência e sucesso individual. Já os orientados para o ego se preocupam com comparações com terceiros, sempre com o intuito de superá-los. Para efeitos de avaliação, existem instrumentos específicos que visam medir a orientação motivacional, como o Task and Ego Orientation in Sport Questionnaire (TEOSQ), bastante utilizado internacionalmente. Em português, ganhou o nome de Questionário do Esporte de Orientação para a Tarefa ou Ego (FERNANDES & VASCONCELOS-RAPOSO, 2010; HIROTA, VERARDI & DE MARCO, 2012).

O fato é que aspectos psicológicos como a motivação constituem um diferencial no esporte, influenciando diretamente resultados de atletas ou equipes. Com o nivelamento cada vez maior das preparações física, técnica e tática, esse diferencial pode ser decisivo para a vitória ou a derrota. Com o passar dos anos, a necessidade de medir e avaliar aumentou nas ciências do esporte e do exercício — que incluem a Psicologia-, o que levou ao desenvolvimento de recursos e instrumentos para medir fatores qualitativos, como a motivação (DANTAS, 2003; CILLO, 2003; WINSTON & MCGEE, 2003).

Como coletar dados é a base de qualquer ciência, o objetivo da pesquisa ou da avaliação requer abordagem metodológica adequada para obter resultados confiáveis. Na Psicologia do Esporte, existem quatro grandes métodos de coleta de dados, ou seja, de recursos para medir determinado aspecto psicológico para posterior avaliação: experimentos laboratoriais, experimentos em campo, estudo de campo e *survey*. Porém, cabe lembrar que muitos estudiosos da Psicologia do Esporte citam que a ciência e seus instrumentos não respondem todas as questões acerca de um assunto, sendo necessário recorrer à intuição e ao bom senso do profissional, de acordo com sua experiência, e a métodos alternativos que ajudem a melhor refletir o mundo real — ou seja, os métodos e instrumentos não refletem, necessariamente, a totalidade do objeto de estudo, mas parte dele. Resultados mais completos e/ou aprofundados requerem mais testes, a utilização de mais de um método ou instrumento e a interpretação do profissional, conforme sua experiência e a convivência com os indivíduos pesquisados. (ROBERTS et al., 1986; GILL & WILLIAMS, 2008).

A motivação e o comportamento são complexos e dinâmicos que inviabilizam a identificação de todas as suas determinantes ou a previsão garantida de ações e reações de atletas ou demais praticantes. O melhor a fazer é recorrer à literatura e a padrões descritivos de comportamento para posteriormente, durante a avaliação, adaptá-los de acordo com a situação e o contexto, aproximando a teoria da prática e da realidade específica (GILL & WILLIAMS, 2008).

Cada vez mais, a Psicologia do Esporte vem se afastando das experiências em laboratório para adotar métodos mais realistas de coleta de dados. Se, por um lado, o ambiente controlado minimiza a influência de fatores externos ao investigado, por outro, é essencial lembrar que esse ambiente não reflete integralmente a realidade do atleta. Logo, no momento da avaliação é necessário lembrar que pode haver interpretações alternativas para os resultados. É justamente por isso que muitos experimentos empregam, além dos indivíduos que compõem a amostra, grupos de controle para esclarecer a natureza das variáveis investigadas ao comparar os dois grupos. O experimento de laboratório permite ao profissional isolar e manipular a variável de seu interesse, compreendendo o efeito relativo dessa variável. Porém, apesar de providenciarem uma visão significativa dos construtos, os experimentos de laboratório não obtêm a resposta completa. No ambiente esportivo, fatores não inclusos no experimento de laboratório podem afetar radicalmente o comportamento do praticante.

O experimento de campo é realizado no ambiente mais natural possível para avaliar os indivíduos, como espaços esportivos para treinamento e competição. Geralmente, esse experimento ocorre sob duas formas: na primeira, o pesquisador organiza a experiência no ambiente esportivo e tenta manipular as variáveis independentes, mas sua realização é extremamente difícil, pois há pouco controle sobre o ambiente de jogo. Mesmo assim, pode providenciar informações valiosas.

Na segunda forma, o pesquisador aproveita um evento previamente existente e "incrementa" as variáveis independentes para testar o construto de interesse.

As duas formas são difíceis de realizar devido ao alto grau de cooperação necessário por parte dos técnicos e dirigentes esportivos. Talvez por isso os investigadores em Psicologia do Esporte venham recorrendo com mais frequência aos estudos de campo (ROBERTS, SPINK & PEMBERTON, 1986).

Os estudos de campo costumam ser muito úteis, pois vários comportamentos que ocorrem no ambiente natural do atleta são difíceis de reproduzir em laboratório ou mesmo em experimentos de campo. Nesse caso, o pesquisador analisa o comportamento em ambiente esportivo sem manipular qualquer fator. Seu maior desafio é registrar suas observações sem interferir no ambiente — uma boa solução costuma ser filmar aulas, treinos e competições para posterior avaliação. Os *checklists* de comportamento ou instrumentos de teste podem ser usados antes, durante e/ou depois do evento. Nos *checklists,* o profissional registra a frequência ou momentos de determinados comportamentos. É preciso se certificar de que o procedimento de medida seja o mais objetivo possível. Variáveis que dependem de interpretação sempre estão sujeitas a erros, como a categorização errada do comportamento no momento em que ele ocorre. O avaliador deve sempre estar ciente das limitações dos procedimentos de medida (ROBERTS, SPINK & PEMBERTON, 1986).

Outro recurso utilizado nos estudos de campo são os instrumentos de medida psicológica. A vantagem desse recurso é que os problemas de validade e fidedignidade desses estudos já foram resolvidos no processo de desenvolvimento e validação do instrumento. Cabe então ao pesquisador consultar a literatura acerca de seu objeto de estudo e determinar o instrumento mais apropriado. Por exemplo, o investigador pode querer descobrir qual é o efeito de vitórias e derrotas sobre a motivação. Nesse caso, há duas decisões a tomar: que medida de motivação utilizar e que atividades investigar. A escolha do instrumento depende da orientação conceitual desse profissional, bem como dos objetivos da avaliação (ROBERTS, SPINK & PEMBERTON, 1986).

Resolvida a questão da linha teórica a ser adotada, em determinados casos é possível que instrumentos já validados não atendam às necessidades do avaliador, sendo necessário desenvolver um instrumento específico. Embora se presuma ser muito simples elaborar entrevistas, questionários, escalas ou inventários, o processo requer uma série de medidas para garantir sua validade e sua fidedignidade, não raro seguindo passos estabelecidos por protocolos científicos. Mesmo o emprego de instrumentos originais estrangeiros que foram simplesmente traduzidos para a língua do público-alvo deve ser evitado, pois existem diferenças culturais, geográficas, linguísticas e de faixas etárias a serem levadas em consideração, e somente um meticuloso processo de validação transcultural garante a qualidade do instrumento adaptado (ROBERTS, SPINK & PEMBERTON, 1986; BARROSO, 2007). Complementarmente, é importante observar que autores como Goulart, de Rose e Rezende (2007) sugerem a necessidade de dar continuidade ao processo de adaptação de instrumentos psicológicos, de forma a garantir sua adequada utilização mediante processos estatísticos confirmatórios, dentre outros recursos.

Se a intenção não é aproveitar o ambiente esportivo para obter informações e sim levantar dados, o método *survey* é uma solução interessante, útil para reunir informação sobre crenças, atitudes, valores, conhecimentos e experiências, gerando uma ampla base de conhecimento. A *survey* é fácil de aplicar e pode ser entregue a várias pessoas simultaneamente em curto período de tempo. Como não pode ser usada para estabelecer relações de causa e efeito, o avaliador precisa se valer de associações ou correlações para interpretar os dados. As *surveys* assumem diversas formas, porém as mais utilizadas são os questionários e as escalas (entregues pessoalmente ou via eletrônica), e as entrevistas (pessoais ou por telefone). Esses três recursos caracterizam um bom primeiro passo para o profissional compreender melhor o indivíduo ou grupo sob sua responsabilidade e, posteriormente, empregar recursos investigativos mais aprofundados e determinar a melhor forma de intervenção (ROBERTS, SPINK & PEMBERTON, 1986).

É possível usar diferentes formatos para obter respostas, e tudo depende de como o avaliador pretende analisar os dados. Os três formatos mais populares na Psicologia do Esporte em geral e na avaliação da motivação, especificamente, são escalas, listas de ranqueamento e *checklists*.

A escala de uso mais comum na Psicologia do Esporte é a de alternativas objetivas, na qual o respondente é instruído a escolher a opção que melhor descreve sua reação. A predominante é a de concordância ou discordância, na qual o atleta circula ou assinala com "X" a resposta que melhor reflete seu sentimento. A escala de frequência de comportamentos do atleta também é muito utilizada.

Nas escalas de ranqueamento (ou de atribuição de valores ordinais), o respondente estabelece a ordem de importância de cada item atribuindo-lhes números previamente determinados pelo avaliador. O *checklist* é menos útil que escalas ou listas de ranqueamento porque não indica os graus da resposta, informação frequentemente importante na Psicologia do Esporte. Nele, o indivíduo simplesmente assinala a resposta que considera verdadeira. Esse método costuma ser avaliado conforme a percentagem de respostas do(s) atleta(s).

Com essa diversidade de aspectos e a quantidade de estudos que atestam a relevância dos motivos e da motivação no esporte, desenvolveu-se uma quantidade razoável de instrumentos, em sua maioria pertencentes à categoria *survey* de investigação, que visam determiná-los, a exemplo do *Task and Ego Orientation Questionnaire*, de Duda, Joan L.; Chi, Likang; Newton, Maria L.; Walling, Mary D.; et al. (1995); o *Intrinsic Motivation Inventory* (IMI), de McAuley et al. (1989); o Inventário de Motivação para a Prática Desportiva (IMPD), dos brasileiros Gaya e Cardoso (1998); o *Sport Motivation Questionnaire for Persons with Mental Retardation*, de Shapiro e Yun (2003); o Inquérito de Motivação para Ausência de Actividade Desportiva (IMAAD), de Fernandes et al. (2004); a Escala de Motivação para o Esporte, validada em português por Serpa, Alves e Barreiro (2004); a Escala de Motivação à Prática de Atividades Físicas, validada no Brasil por Gonçalves e Alchieri (2010).

O Questionário de Perfil Motivacional, desenvolvido por Samulski e Noce (2000), é mais um instrumento disponível para triagem. Este questionário foi baseado na Teoria de Ação proposta por Nitsch (1985) e leva em consideração os fatores motivacionais extrínsecos e intrínsecos presentes na tríade das condições objetivas e subjetivas que envolvem a pessoa, o meio ambiente e a tarefa dentro do contexto esportivo (ALBUQUERQUE et al, 2006).

Já o Imprafe-126 (Inventário de Motivação à Prática Regular de Atividade Física e Esporte) é um instrumento promissor, que pode ser utilizado por psicólogos do esporte ou educadores físicos interessados em avaliar os níveis de motivação de atletas ou praticantes de atividade física e esporte em geral. Outros estudos de avaliação da motivação são: entrevista semiestruturada (DIAS, CRUZ e FONSECA, 2010), inventário de razões para o exercício (FERMINO, PEZZINI e REIS, 2010), Mpam-R (GONÇALVES e ALCHIERI, 2010), Exercise Motivation Inventory (LEGNANI et al, 2011), SMS (VIEIRA et al,

2011), Imprafe-54 (BALBINOTTI et al, 2011), Sport Motivation Scale-Ii (NASCIMENTO JUNIOR et al, 2012), Validação Para a População Brasileira da Escala de Dominância Télica (TDS) no Contexto Esportivo (Balbim & Vieira, 2015).

Um dos instrumentos mais utilizados para determinar motivos de prática esportiva é o Participation Motivation Questionnaire (PMQ), desenvolvido por Diane J. Gill, John B. Gross e Sharon Huddleston em 1983. Apesar de batizado de questionário por seus autores, o PMQ é uma escala de frequência composta por trinta questões que, devidamente agrupadas, formam oito categorias motivacionais. Já foi traduzido e adaptado para várias línguas e países, como chinês, coreano, grego, hindi, sueco e turco (SHANG, 1997; FONSECA & MAIA, 2001; PARK, 2003; CHADHA & KOLT, 2004; DOULIAS et al, 2005; HU & WEI, 2005; THIBORG, 2005; GÜBURZ et al., 2007). Em português, existem as validações lusitana, de Serpa (1992), e a brasileira, de Barroso (2007).

Por fim, um recurso muito utilizado para avaliação na Psicologia do Esporte é a entrevista, muito útil para psicólogos do esporte que pretendem intervir junto a atletas ou equipes. Ela averigua crenças, atitudes, valores e outras características do indivíduo, aprofundando, assim, a compreensão do fenômeno. Para atletas ou praticantes que apresentam dificuldade de se expressar de forma escrita, como crianças, a entrevista é muito útil. Porém, conforme já mencionado, não se trata de um processo tão simples quanto aparenta: a entrevista deve ser estruturada, o profissional deve ter objetivos bem claros para saber exatamente o que extrair de cada entrevista e, ao trabalhar com mais de um indivíduo, é necessário fazer exatamente as mesmas perguntas-base, para futuras comparações. Para efeitos de aprofundamento e melhor compreensão, questões adicionais podem e devem ser realizadas no momento da entrevista (Roberts, Spink & Pemberton, 1986).

Intervenção

No que se refere à intervenção, a área de motivação, por ser de fundamental importância não só no contexto esportivo, mas também no social, pode aplicar técnicas de preparação psicológica com o objetivo de melhorar o desempenho no esporte de alto rendimento (BECKER JR. & SAMULSKI, 1998).

Técnicas de Visualização

Técnicas de visualização podem ser utilizadas na condução da melhora motora e devem seguir frequência, persistência e eficiência de determinado comportamento. (PAIVIO *apud* JUNIOR & SAMULSKI, 1998). No entanto, para maior eficácia e aumento da motivação, a visualização deve ser praticada de forma positiva, imaginando situações de êxito e não de fracasso (ORLICK, 1990). Estudos realizados no golfe apontaram o efeito da visualização na motivação intrínseca. Neles, os atletas, além de praticarem a técnica por mais tempo, apresentaram objetivos mais ambiciosos e autoexpectativas mais realistas, envolvendo-se mais no programa de treinamento (MARTIN & HALL *apud* BECKER JR. & SAMULSKI, 1998). Benefícios da visualização também são registrados junto a iniciantes no esporte e não apenas atletas de elite, de alto rendimento.

Intervenção com base na abordagem comportamental

Conforme exposto, há diferentes modelos teóricos de interpretação do processo motivacional, mas o baseado na abordagem comportamental é a principal proposta de intervenção por apresentar uma variedade de estratégias relacionadas à motivação e à persistência no treinamento (MARTIN, 2001). A primeira delas, para aumentar a motivação, é identificar reforçadores que mantenham o atleta participando do treinamento ou da atividade. Por ser um aspecto individual, mesmo trabalhando com grupos esportivos, há diversas categorias de reforçadores. São eles: reforçadores externos, como medalhas, prêmios, faixas, entre outros; os reforçadores por pares: receber elogios, aprovação e atenção do grupo; os reforçadores resultantes do autoaprimoramento: satisfação no domínio de uma nova habilidade; e os reforçadores derivados de estimulação sensorial (tato, audição, visão e olfativa) que a prática promove ao indivíduo, como a sensação do vento quando em alta velocidade, para o ciclista. Existem também os praticantes (jovens) que podem não estar no esporte em função dos reforçadores, mas pela pressão dos pais.

Elogiando para motivar

Os treinadores podem funcionar como ferramentas extremamente poderosas para aumentar a motivação através de elogios, principalmente com jovens atletas (MARTIN, 2001). Um dos métodos é a elaboração de uma ficha com os nomes dos atletas e marcas ao lado do nome cada vez que for feito um elogio. Encorajar atletas a se autoavaliarem também pode auxiliar no aumento da motivação.

Sistema motivacional geral

Vários aspectos precisam ser considerados para motivar um grupo, mas alguns componentes devem estar sempre presentes, como estabelecimento de metas, acompanhamento do desempenho, apresentação dos resultados e reforço pela realização de objetivos. No referido sistema, alguns pontos são considerados: a identificação de comportamentos a serem motivados; o planejamento para registro e análise; o estabelecimento de objetivos para o desempenho e busca de *feedback* comportamental.

Estabelecimento de metas e feedback

A direção para realização de uma proposta constitui um conjunto de etapas chamadas de metas, que podem melhorar o desempenho, a qualidade da prática e aumentar a motivação (BUMP, 1989). Para estabelecer metas, é necessário um planejamento que apresente ao atleta um padrão específico na direção da ação e da atenção, identificando o que deve ser feito e acompanhado. Estabelecer metas funciona como força motivadora para o corpo agir em direção ao cumprimento dessas metas. De acordo com os estudos de Locke e Latham (1990), há uma relação eficaz entre execução e rendimento.

A informação (*feedback*) sobre a atual condição de rendimento contribui com a aquisição das habilidades motoras. Segundo Bump (1989), o *feedback* facilita o processo de aprendizagem e melhora as condições de entendimento para que o atleta otimize seu rendimento. É válido ressaltar que motivos impulsionam ou repelem de forma diferenciada cada indivíduo. Uma mesma atividade ou exercício pode ser realizado por indivíduos animados por motivos diferentes e variados níveis de intensidade. O incentivo é o estímulo que vai preencher a sua carência. Portanto, para motivar um grupo (seja de pessoas comuns ou atletas), é necessário identificar as necessidades de cada componente. Identificando e entendendo estes principais fatores, a motivação deve ser um elemento a ser trabalhado tanto para início da prática quanto para sua manutenção. Reconhecer a existência de diferentes formas motivacionais na indução de diversos benefícios cognitivos, comportamentais e afetivos e a importância de se trabalhar a motivação tanto intrínseca quanto extrínseca é fundamental para a prática de atividades físicas e esportes.

Concluindo, condições devem ser criadas para que seja identificada a necessidade de cada um no alcance de um ou mais objetivos previamente determinados. Para Samulski (2009), propiciar um ambiente estimulante e incentivador dependerá principalmente de uma análise profunda baseada no acompanhamento do contexto biopsicossocial em que o atleta está inserido. A avaliação da motivação, além de instrumentalizar o profissional, pode colaborar também para a manutenção de práticas esportivas e identificação dos motivos que envolvem o processo de abandono da prática.

Este capítulo pretendeu atualizar o leitor sobre os avanços científicos nas esferas da compreensão e da avaliação da motivação no contexto da Psicologia Esportiva. Como destacado, a motivação é um dos temas mais investigados na Psicologia e, no que tange o contexto esportivo, desperta interesse por parte de seus envolvidos, sejam atletas, praticantes de exercício físico, psicólogos, educadores físicos, professores, técnicos entre outros. Constantes atualizações teóricas e práticas sobre o desenvolvimento científico acerca da temática da motivação fazem-se necessárias para uma melhor qualificação profissional nesse âmbito.

Referências Bibliográficas

AGÊNCIA ESTADO. (2014, 03 de julho). *Para ministro, a Copa do Mundo fortaleceu a marca Brasil.* In: em.com.br. Disponível em http://www.em.com.br/app/noticia/economia/2014/07/03/internas_economia,545050/para-ministro-copa-do-mundo-fortaleceu-a-marca-brasil.shtml

ALBUQUERQUE, Maicon Rodrigues et al. Avaliação do perfil motivacional dos atletas de alto rendimento do taekwondo brasileiro. *Revista Iberoamericana de Psicología del Ejercicio y el Deporte.* Vol. III, n. 1, v. 3, n. 1, p. 77, 2006.

BALBIM, Guilherme M. & VIEIRA, Lenamar F. Validação para a população brasileira da Escala de Dominância Télica (TDS) no contexto esportivo. *Revista Brasileira de Educação Física e Esporte* 29.4 (2015): 641-651.

BALBINOTTI, Marcelo A. A. & BARBOSA, Marcus L. L. *Análise da consistência interna e fatorial confirmatório do Imprafe-126 com praticantes de atividades físicas gaúchos.* Psico-USF, v. 13, n. 1, p. 1-12, 2008.

BANDURA, Albert. *Psychological modeling: conflicting theories.* Chicago, IL (EUA): Aldine-Atherton, 1971.

BARROSO, Mario L. C. *Validação do Participation Motivation Questionnaire Adaptado para Determinar Motivos de Prática Esportiva de Adultos Jovens Brasileiros. Florianópolis*: Udesc, 2007, 130p.

BUMP, Linda.A. *Sport psychology study guide.* Champaign: Human Kinetics, 1989.

CILLO, Eduardo. Análise de jogo como fonte de dados para a intervenção em psicologia do esporte. In: Kátia Rubio (org.) *Psicologia do Esporte Aplicada.* São Paulo: Casa do Psicólogo, 2003.

CRATTY, Bryant J. *Psicologia no Esporte.* 2ª.ed. Rio de Janeiro: Prentice-Hall do Brasil, 1984.

DANTAS, Estélio. *A Prática da Preparação Física.* 5ª.ed. Rio de Janeiro: Shape, 2003.

DAVIDOFF, Linda L. *Introdução à Psicologia.* São Paulo: McGraw-Hill, 1983.

DUDA, Joan L.; CHI, Likang; NEWTON, Maria L.; WALLING, Mary D. et al. *International Journal of Sport Psychology,* Vol 26(1), Jan-Mar 1995, 40-63.

FELIU, Jaume C. *Psicología del Deporte: personalidad, evaluación y tratamiento psicológico.* Madrid: Sintesis, 1997.

FERNANDES, Helder; VASCONCELOS-RAPOSO, José J.B. *Psicologia: Reflexão e Crítica,* 23(1), 92-101, 2010.

FIGUEIREDO, Sâmia H. Variáveis que interferem no desempenho do atleta de alto rendimento. In: RUBIO, Kátia (Org.). *Psicologia do esporte: interfaces, pesquisa e intervenção.* São Paulo: Casa do Psicólogo, 2000.

FRANCO, Gisela S. *Psicologia no Esporte e na Atividade Física: uma coletânea sobre a prática com qualidade.* São Paulo: Manole, 2000.

GARRAT, Ted. *Motivação esportiva — Aumentando o desempenho nos esportes.* São Paulo: Madras, 2000.

GILES, Lynn et al. Physical activity in older Asian Indians living in the United States: barriers and motives. *Activities, Adaptation & Aging,* (29)1, 47-67, 2005.

GOULART, C., ROSE, Dante, Jr. & REZENDE, Alexandre. Tradução e validação do instrumento de orientações às metas, aplicado a jovens esportistas brasileiros. *Revista de Educação Física,* 139, 20-28, 2007

HIROTA, Vinicius B., VERARDI, Carlos E. L. & DE MARCO, Ademir. Orientação Motivacional de Metas na Modalidade do Basquetebol. *Educação Física em Revista,* 6(3), 1-9, 2012.

LOCKE, Edwin A; LATHAM, Gary., P. *A theory of goal setting and task performance.* Englewood Cliffs, NJ: Prentice-Hall, 1990.

MARTIN, Gary. *Consultoria em Psicologia do Esporte: Orientações Práticas em Análise do Comportamento.* Instituto de Análise de Comportamento: Campinas, 2001.

MORENO, Ricardo M. & MACHADO, Antonio A. (2005, 20 de agosto).*A psicologia do esporte no tênis de campo: uma análise da variável motivação.* Revista Digital EF Deportes. Buenos Aires, n 88. Disponível em: <http://www.efdeportes.com/efd88/motiv.htm>.

MOUROÇO, Pedro. (2007, 15 de julho). Avaliação dos factores psicológicos inerentes ao rendimento: estudo realizado em nadadores cadetes do Distrito de Leiria. *Psicologia.com.pt: o portal dos psicólogos*, p.1-20. Disponível em <www.http//psicologia.com.pt>.

NASCIMENTO JUNIOR, José R.A. et al. Adaptação transcultural e análise das propriedades psicométricas da Sport Motivation Scale-II no contexto brasileiro. *Journal of Physical Education*, v. 25, n. 3, p. 441-458, 2014.

ORLICK, Terry. *In pursuit of excellence*. 2a ed. Champaign: Leisure Press, 1990.

PISANI, Elaine M. et al. *Psicologia Geral*. 11ª ed. Porto Alegre: Vozes, 1990.

REEVE, JohnMarshall. *Motivação e Emoção*. 4ed. Rio de Janeiro: LCT, 2006.

ROBERTS, G.; SPINK, K.; PEMBERTON, C. *Learning experiences in Sport Psychology*. Champaign, IL (EUA): Human Kinetics, 1986.

SAMULSKI, Dietmar. *Psicologia do esporte: manual para a Educação Física, Psicologia e Fisioterapia*. São Paulo: Manole, 2009.

SERGIO, Mario. *Algumas Teses Sobre o Desporto*. Compedium: Lisboa, 2001.

SERPA, Sidonio; ALVES, P.; BARREIROS, A. *Versão portuguesa da Sport Motivational Scale (SMS) e da Sport Academic Scale (AMS): processos de tradução, adaptação e fiabilidade*. Tese (Doutorado) — Faculdade de Motricidade Humana, Laboratório de Psicologia do Desporto. Universidade Técnica de Lisboa, Lisboa, 2004.

SILVÉRIO JR., João. (2012, 10 de dezembro). A visibilidade de um megaevento. *Sebrae: Pequenos Negócios & Finanças*.

SINGER, Robert N. *Sustaining motivation in sport*. Tallahassee, Flórida (EUA): Sport Consultants International, 1984.

SKINNER, Burrhus F. *The technology of teaching*. New York: Appleton-Century-Crofts, 1968.

TUBINO, Manoel J.G.. *Dimensões sociais no esporte*. Cortez: São Paulo,1995.

WEINBERG, Robert.; GOULD, Daniel. *Foundations of Sport and Exercise Psychology*, 6ª ed. Champaing, IL (EUA): Human Kinetics, 2014.

WINSTON, H.; MCGEE, R. Introdução. In: Kathleen A. Tritschler. *Medida e avaliação em educação física e esportes de Barrow & McGee*, 1ª.ed. Barueri: Manole, 2004.

WINTERSTEIN, Pedro. A motivação para a atividade física e para o esporte. In: DE ROSE JR., Dante et cols. (orgs.). *Esporte e atividade física na infância e na adolescência*. Porto Alegre: Artmed, 2002. Cap. 6, p.77-87.

Pesquisas e avanços da psicologia esportiva: cenário atual

ALBERTO FILGUEIRAS

A psicologia esportiva se delimita enquanto campo de conhecimento por seu objeto máximo — o processo de individuação do atleta ou praticante de atividade física. Apesar de nascida no berço da educação física, em meados do século XIX (BÄUMLER, 2009), a compreensão dos fenômenos psíquicos envolvidos com as práticas esportiva competitiva e com a atividade física ainda é obscura e intrigante.

A primeira questão a ser endereçada em um texto sobre pesquisa e avanço tecnológico em qualquer área do conhecimento é: qual o tipo de conhecimento humano é capaz de produzir tecnologia? Tecnologia, diferente do significado que o verbete assume no português brasileiro do início do século XXI, não trata da máquina ou do produto técnico concreto e objetificado que permite a facilitação de um processo humano, como é o celular, o termômetro ou o computador. A tecnologia é o estudo da técnica em sua acepção epistemológica, onde *tecno* refere-se à técnica propriamente dita e *logia* ou *logus* é o lugar do conhecimento em relação à coisa. A técnica psicológica nada mais é que um conjunto de procedimentos que conduzem à compreensão ou à modificação temporária ou permanente do sistema psíquico do indivíduo. Pensando a partir desse conduíte lógico, produção de tecnologia e inovação tecnológica na psicologia são a pesquisa e o desenvolvimento de técnicas que permitem responder perguntas acerca do processo de individuação e diferenciação dentro do complexo sistema que é a psiquê.

Falar em pesquisas para gerar avanços tecnológicos na psicologia parece uma tarefa etérea, capitalística e quase metafísica (como inclusive propõem inúmeros autores[1]). Porém, essa tarefa é mais realista do que soa. A ciência (ou o método científico) não é a única fonte de produção de saber na psicologia. A filosofia, o senso comum e a religião produzem saberes que reverberam na forma pela qual o psicólogo lança mão de seus aparatos técnicos quando lida com o psiquismo de cada indivíduo, paciente, cliente ou usuário. Apesar disso, a tendência da psicologia contemporânea é o positivismo empirista, condensado na forma do método científico, como principal fonte de avanço tecnológico.

Historicamente, é possível visualizar em diversas disciplinas e saberes humanos, como a física, a biologia, a química, a medicina e as engenharias, que suas raízes filosóficas engalharam-se em ramos representados pela ciência positivista, cujos frutos são os produtos técnicos e tecnológicos. Significa dizer que, para que houvesse o celular, o termômetro e o computador, a filosofia precisou se transformar em uma forma mais aplicada da sua própria essência, e foram o positivismo e o empirismo as escolas que permitiram o nascimento da ciência enquanto método de produção de conhecimento (POPPER, 1993).

O principal alicerce do método científico é a falseabilidade. Segundo o filósofo da ciência Karl Popper (1993), todo conhecimento científico deve ser produzido a partir de uma hipótese que permita a seu oposto ser provado verdadeiro. Em outras palavras, se sugiro a

1. Três bons exemplos dessa proposta para o saber psicológico podem ser encontrados em vieses distintos nos textos de Sigmund Freud, Michel Foucault e Bruno Latour. Ver: FREUD, S. (1937) *Analyse terminée et analyse interminable.* FOUCAULT, M. (1966) *Les Mots et les choses — une archéologie des sciences humaines.* LATOUR, B. (1979) *Laboratory Life: The Social Construction of Scientific Fact.*

hipótese de que todos os cisnes são brancos, preciso ter uma forma, um método ou um instrumento que me permita provar que eles não são brancos. Segundo o princípio da ciência, apenas um caso de cisne branco já permite descartar a hipótese proposta e continuar procurando uma resposta para o fenômeno da cor dos cisnes[2].

Quando aplicamos os princípios do método científico na psicologia, há necessidade de construir hipóteses que permitam sua falsificação, a prova do contrário. No entanto, por que isso seria importante para o avanço tecnológico? Qualquer técnica que funcione para uma pessoa e não funcione para outra tem de ser relativizada e, portanto, não pode ser considerada uma tecnologia, já que não contribui para todos; seria o mesmo que uma vacina que só funcione para 30% dos pacientes[3].

Há pesquisadores em psicologia que tendem a afirmar que constitui um empreendimento fadado ao fracasso a busca da psicologia científico-empirista por uma fórmula comum de intervenção, pois seres humanos diferentes pressupõem estratégias diferentes. Se essa premissa é verdadeira, então grande parte da psicologia que segue a epistême filosófica estruturalista na busca de um invariante para a psiquê, como fazem a psicanálise, o cognitivismo e o comportamentalismo, parece condenada.

Talvez seja com surpresa, ou com orgulho, que a psicologia clínica foi reconhecida pela Organização Mundial da Saúde (OMS) como tratamento recomendado para casos de depressão, transtornos da ansiedade, transtorno de estresse pós-traumático, transtorno bipolar e esquizofrenia (WORLD HEALTH ORGANIZATION, 2010). A OMS é uma organização médica que requer evidências científicas com fundamentação empírica e extensa quantidade de replicação

2. Tomei a liberdade de pegar emprestado a metáfora do cisne branco da literatura de Karl Popper para ilustrar o argumento da falseabilidade (POPPER, 1993, p. 19).

3. A literatura médica, por exemplo, sugere que um tratamento só passe a ser utilizado caso sua eficácia ultrapasse a relação de 50%, portanto, cure ou previna a doença-alvo em um a cada dois pacientes. Ver: ORENSTEIN et al. (1985).

de resultados. Então, não basta que um tratamento seja eficaz em um estudo, mas que, em milhares de estudos realizados no mundo todo, o tratamento mantenha um padrão de recuperação do paciente usando o mesmo método. A psicologia parece caminhar a passos largos no sentido da validação de suas técnicas por outras ciências, devido à tentativa de alguns pesquisadores de demonstrar empiricamente, com base no método científico, a eficácia de suas intervenções. Em última análise, as intervenções psicológicas com técnicas testadas empiricamente em estudos replicados no mundo todo são a pedra fundamental que sustenta a psicologia científica e lhe permite dialogar, com *status* de ciência, com outros profissionais.

A atuação do psicólogo do esporte é essencialmente multidisciplinar. Há milhares de estudos na área das ciências do esporte que demonstram a eficácia da psicologia no contexto do alto rendimento (MURAYAMA; ELLIOT, 2012), da atividade física, do esporte recreativo e competitivo amador (SARKAR; FLETCHER, 2014), da reabilitação (MALOUIN; JACKSON; RICHARDS, 2013) e da formação de atletas e cidadãos (EIME et al., 2013). O trabalho do psicólogo esportivo nesses contextos raramente é conduzido de forma isolada, devendo considerar sua atuação junto a diversos profissionais cujo alicerce científico se aproxima das ciências naturais e da saúde, como fisioterapia, medicina, educação física e nutrição. Destarte, trabalhar com técnicas cientificamente embasadas e testadas por diversos pesquisadores no mundo todo parece um denominador comum entre esses profissionais, incluindo o psicólogo. Nesse sentido, há um grupo de tecnologias produzidas pela psicologia do esporte que merecem destaque. Aqui, elencarei algumas das tecnologias que já possuem sustentação empírico-científica, apresentando estudos que permitiram sua implementação no contexto esportivo, introduzindo os leitores a duas outras técnicas que parecem promissoras para se tornarem alvo de estudos de pesquisadores da psicologia esportiva.

Biofeedback

A regulação do sistema nervoso autônomo é uma das mais importantes valências de um atleta durante o evento esportivo[4]. Esse sistema está ligado ao controle das emoções, dos movimentos e da ativação do corpo diante de diversas situações que podem surgir no decorrer de uma competição.

Toda atividade física pressupõe estresse do corpo, da musculatura e do sistema nervoso. A preparação das fibras musculares para lidar com o evento esportivo ocorre pela ativação de um grupo de regiões do cérebro que formam um circuito conhecido como sistema límbico. Quando alguém começa a caminhar, trotar, correr ou pular, imediatamente o cérebro identifica essas situações como exigentes de energia. Pesquisas demonstram que essa demanda energética ativa estruturas do cérebro formadoras do eixo hipotálamo-pituitária-adrenal (HPA) a partir da identificação de memórias afetivas ligadas a experiências anteriores com o esporte ou o exercício (HAUTALA; KIVINIEMI; TULPPO, 2009). Essas respostas parecem variar de pessoa para pessoa — algumas ativam essas estruturas com mais força e outras, com menos. O que se sabe, no entanto, é que a função desse sistema é preparar o corpo para o estresse e, se for o caso, a exaustão.

O sistema límbico também é responsável pela identificação e evocação de memórias afetivas. Isto significa que atividade física, controle do tônus muscular, prática de esporte e controle das emoções compartilham porção significativa da mesma circuitaria cerebral: o eixo HPA. Portanto, antes de entender os equipamentos e os problemas relacionados ao biofeedback, entender a psicofisiologia do estresse é essencial.

Tudo começa quando você se prepara para lidar com uma situação estressante. Considera-se para efeitos desta explicação qualquer

4. Para entender os pormenores dos processos do sistema nervoso autônomo no esporte, recomenda-se a leitura de PURVIS, GONSALVES & DEUSTER (2010).

situação que envolva aumento de consumo energético. Portanto, estados de ansiedade, medo ou preparo para correr dois quilômetros podem ser considerados estressantes (lembre-se de que a circuitaria neural no cérebro é praticamente a mesma). A amígdala, associada à ativação do hipocampo, são responsáveis por identificar as demandas afetivas. Essa estrutura sinaliza eletricamente o hipotálamo, que secreta β-endorfinas e hormônio liberador de corticotrofina (CRH). Enquanto as β-endorfinas vão agir na musculatura lisa dos órgãos internos, causando contração e diminuindo a demanda energética (o que pode acarretar em vontades súbitas de ir ao banheiro ou bocejos incontáveis), o CRH é recebido pela hipófise como estímulo para liberação de hormônio adenocorticotrófico (ACTH). O ACTH é carregado pela corrente sanguínea até a porção dorsal do rim onde está a glândula suprarrenal. É ela que vai liberar uma descarga inicial de adrenalina e noradrenalina que gera sensação de despertar, excitação, analgesia e prepara o sistema nervoso para situações que demandam elevado gasto energético. O cortisol, por sua vez, gera catabolismo do glicogênio, facilita a síntese de acetilcolina e aumenta o processo de fermentação lática na musculatura. Esses elementos, em conjunto, preparam o corpo para lidar com quaisquer demandas: deixam o indivíduo alerta, com a musculatura mais tonificada, com vigilância atencional em níveis elevados e emoções mais focalizadas na demanda que o ambiente está para apresentar, seja ela qual for.

As mudanças no corpo de um atleta ocorrem da mesma maneira que no corpo de qualquer pessoa. Quando está sob resposta de estresse do sistema nervoso autônomo, há um grupo de reações fisiológicas associadas ao desparamento do eixo HPA: aumento do batimento cardíaco, aceleração da frequência respiratória, eriçamento dos pelos (principalmente de braços e pernas), microssudorese, sensação subjetiva de calor e formigamento no pescoço e no rosto, além de sintomas menos ressaltados, como acúmulo de sangue nas extremidades do corpo e órgãos mais importantes, analgesia geral, aumento da contração muscular e hipertrofia.

As técnicas de biofeedback detectam essas variações nas reações fisiológicas de modo a processá-las e codificá-las para serem entendidas por um computador, gerando assim respostas (feedback) para a pessoa que apresenta essas reações.

O biofeedback pode vir em forma de aparelho ou instrumento para detectar modificações na biofisiologia do indivíduo (daí o prefixo bio), seja no sistema nervoso central, seja no sistema nervoso periférico, enviando em tempo real (na verdade, tempo quase real, pois a maioria das técnicas tem uma latência entre 50 e 400 milissegundos) informações para que o usuário ou o profissional ajuste esses indicadores físicos aos desejados (daí o sufixo feedback). Há inúmeros biofeedbacks no mercado, que coletam os mais diversos índices. Os mais comuns são batimento cardíaco e microssudorese. Aos biofeedbacks que apresentam indicadores do sistema nervoso central, dá-se o nome de neurofeedbacks.

Biofeedback Cardíaco

Os biofeedbacks de batimento cardíaco são indicadores de baixa confiabilidade e não usados na psicologia do esporte isoladamente, dada sua falibilidade. A hipótese básica sugerida pela teoria psicossomática é que haveria uma diferença entre a linha de base de um indivíduo em atividade e em repouso e sua resposta cardíaca durante uma tarefa que aumente a ansiedade, como uma competição ou jogo importante (LEHRER et al., 2003). Com pormenores, um indivíduo seria colocado em uma atividade com a mesma intensidade que a atividade-alvo. Por exemplo, um jogador de vôlei seria monitorado durante um amistoso ou um treino que busque reproduzir a mesma demanda energética de uma competição ou jogo importante. A frequência cardíaca é monitorada, gerando uma linha de base na qual se assume não haver afeto presente ou apenas aquele associado à atividade física em si, sem que aspectos emocionais sejam despertos durante essa atividade. Depois, o mesmo método é usado para monitorar o batimento cardíaco desse jogador durante um jogo ou ao longo de uma competição. Quando se compara a linha de base com os resultados da competição, estar-se-ia observando tudo aquilo que não tem a ver com a resposta meramente física, permitindo, portanto, gerar um indicador associado à resposta emocional oriunda da competição.

Apesar de a hipótese ser interessante, há uma série de evidências contrárias. A primeira é que variações do batimento cardíaco não implicam em variações de outros indicadores psicofisiológicos (YASUMA; HAYANO, 2004). Desde reações fisiológicas que estariam mais implicadas na modificação do batimento cardíaco, entre elas a frequência respiratória, até respostas emocionais comuns ao sistema nervoso periférico, como eriçamento de pelos, microssudorese e sensação subjetiva de formigamento, não parecem estar associadas a alterações da frequência cardíaca. Então, nesse caso, modificações nos batimentos cardíacos não podem ser atreladas diretamente às emoções do atleta. Provavelmente, há sim uma parcela dessas modificações que podem ser atribuídas às alterações psicoafetivas do jogador, mas atribuir toda a diferença a essa questão é exagerado e perigoso.

Outro aspecto importante é que outras variáveis, como dor, lesão, luto, clima, alimentação, resposta autoimune, diferenças de fuso horário e altitude, podem modificar a frequência cardíaca (VICTOR; MAINARDI; SHAPIRO, 1978). Logo, não há como fazer qualquer intervenção com biofeedback cardíaco que não seja em ambiente absolutamente controlado e que considere outros indicadores.

Biofeedback do Sistema Nervoso Periférico

A microssudorese aparece como resposta direta do sistema nervoso autônomo, sendo, talvez, o indicador mais confiável para ansiedade em um ambiente controlado (BRANDÃO, 2004; KARPINSKI; HILTON, 2001). Isso ocorre porque uma das respostas biofisiológicas básicas do medo e da ansiedade é a microssudorese palmar e plantar (palmas das mãos e planta dos pés, respectivamente). Os aparelhos de biofeedback que trabalham com a microssudorese são conhecidos como psicogalvanômetros ou captadores da resposta galvânica da pele. O processo é relativamente simples: um captador de ondas elétricas (um galvanômetro) é posicionado na palma das mãos do sujeito; o indivíduo deve estar calmo e suas mãos devem estar secas ou serem secadas para o estabelecimento de uma linha de base. A teoria por trás do psicogalvanômetro é que, na presença de microssudorese, a resistência elétrica da pele diminui. Logo, quanto menor a resistência, maior a sudorese e mais ansioso o sujeito está. A partir da linha de base, quaisquer oscilações na condutância elétrica da pele podem ser atribuídas à ansiedade (desde que temperatura e umidade sejam constantes).

O trabalho com o psicogalvanômetro geralmente é conduzido com vídeos de competições, que geram respostas de ansiedade no sujeito, e imagens mentais. A eficácia dessa atuação é repetidamente demonstrada na literatura. Há estudos cujos resultados apontam para aprendizagem do controle psicoafetivo em músicos profissionais que passam por protocolos simples de biofeedback apenas aprendendo a controlar a velocidade e a intensidade de sua respiração (BLUMENSTEIN; BARCELI; TENENBAUM, 1995). Da mesma maneira, pesquisas sugerem que no ambiente organizacional, tanto subordinados (GREENBAUM; WHITE, 1976) quanto altos executivos se beneficiam do uso de biofeedback com base em condutância elétrica da pele para aprenderem a controlar suas emoções durante processos de tomada de decisão (GANSTER et al., 1982). Esses protocolos mostram melhoras significativas na autoconsciência dos processos emocionais por parte do indivíduo, bem como no controle de sua psicofisiologia e na capacidade de tomar decisões balizadas mais pela lógica que pelas emoções. Contudo, o tempo de intervenção parece bastante longo para que seu efeito seja permanente: por volta de seis meses (BLUMENSTEIN; BARCELI; TENENBAUM, 1995). Além disso, parece haver uma limitação da generalização da capacidade de controlar as emoções em situações específicas que envolvam demonstrações de habilidades em grandes públicos, como é o caso do esporte (LANDERS, 1985). Em outras palavras, mesmo que o sujeito aprenda a lidar com suas emoções, quando está diante de muitas pessoas para executar seu ofício, acaba por ter comprometida a habilidade de gerenciar sua psicofisiologia. Portanto, o biofeedback puro não é suficiente para o manejo da ansiedade e do estresse no esporte.

O grande desafio para o psicólogo de atletas é sobrepor essa barreira combinando o biofeedback com outras técnicas. Uma das técnicas mais utilizadas na combinação do biofeedback para aprimoramento de controle psicoafetivo é a imagem mental (EDMONDS et al., 2008). Imagética é um grupo de práticas que envolve a capacidade de reproduzir, pela imaginação, aspectos envolvidos em uma dada habilidade. Em pesquisa bastante conhecida, Edmonds e seus colaboradores (2008) usaram a combinação de biofeedback de resposta galvânica da pele com a prática de imagens mentais de corrida com pilotos profissionais. Seus resultados no prazo de 16 semanas (quatro meses) foram surpreendentes e se mantiveram estáveis mesmo após dois meses sem intervenção (período de *follow-up*).

Em outro importante estudo, Soumendra Saha e colaboradores (2013) usaram técnicas de controle da respiração (BLUMENSTEIN et al., 1995) entre jogadores de futebol (particularmente respiração profunda) para ensiná-los a manejar suas emoções a partir de dois métodos de biofeedback: frequência cardíaca e condutância elétrica da pele (SAHA et al., 2013). Os resultados apontaram que o controle da respiração profunda gera consequências positivas no manejo psicofisiológico em ambos os tipos de biofeedback num protocolo de vinte semanas (cinco meses).

Visando a combinação de técnicas de biofeedback, imagética mental e condicionamento clássico para otimização de manejo psicofisiológico das emoções, fica nesse capítulo um esboço de proposta para futuras pesquisas.

A música é usada com diversos objetivos na atividade física: dar ritmo, motivar ou gerar ativação psicoafetiva positiva (BROWNLEY; MCMURRAY; HACKNEY, 1995). A teoria pavloviana clássica sugere que um estímulo neutro, como uma campainha, pode ser transformado em um estímulo condicionado desde que combinado a um estímulo incondicionado, como uma carne que gera uma resposta incondicionada (a salivação do cachorro, por exemplo). O objetivo do condicionamento pavloviano no esporte é automatizar respostas funcionais e positivas para o atleta. Nesse caso, precisa-se identificar qual estímulo incondicionado gera um efeito relaxante no sujeito.

Parece que a música pode proporcionar essa estimulação incondicionada. Estudos com bebês recém-nascidos apontam que a voz da mãe (RAND; LAHAV, 2014) e de outras pessoas, desde que em tons calmos e confortantes (VELANDIA et al., 2010), levam nenéns humanos a estados de relaxamento e tranquilidade. A partir desses resultados, a hipótese aqui levantada é que músicas relaxantes escolhidas pelos atletas podem ser fontes de estimulação incondicionada que, emparelhadas ao biofeedback de condutância elétrica da pele e imagens de competições, tornarão as visões dos estádios e do ambiente competitivo um estímulo condicionado ao relaxamento. Futuras pesquisas poderão responder se usar música como estímulo incondicionado e as imagens de competições como estímulos neutros podem gerar o condicionamento necessário para facilitar respostas adequadas no psicogalvanômetro.

Biofeedback do Sistema Nervoso Central: o Neurofeedback

Assim como o biofeedback revela o nível de respostas periféricas, o neurofeedback revela a frequência do campo eletromagnético gerado pelo cérebro em tempo real (ou quase real, caindo no mesmo problema anteriormente levantado). Os sistemas de neurofeedback são mais confiáveis para a psicologia, pois acessam atividade cerebral. No esporte, o neurofeedback é mais utilizado que o biofeedback por ser menos afetado por variáveis externas (THOMPSON et al., 2008).

O princípio do neurofeedback é simples, mas sua execução é bem difícil e complexa. Para isso, será necessário compreender a transmissão sináptica no cérebro. A atividade cerebral se dá pela despotenciação da membrana neuronal com a saída de sódio e entrada de potássio em quantidades desproporcionais. Quando isso ocorre, o neurônio transmite, através do axônio, uma estimulação elétrica por volta de 15 milivolts em certa frequência. O aparelho de neurofeedback (geralmente um eletroencefalograma — EEG) capta a frequência desse potencial de ação que parece estar atrelada a respostas e estados cognitivos.

De acordo com Trevor Thompson e seus colaboradores (2008), o método mais comum de uso de neurofeedback é por intermédio de tarefas lúdicas na forma de jogos computadorizados que geram a resposta desejada quando o sujeito atinge e mantém dados estados mentais. Acredita-se que, com o tempo, o indivíduo se torne experto em atingir esses estados mentais associados à sua atividade cerebral. De fato, isso parece ocorrer, mas há poucos estudos que identificam a validade ecológica desse método. Em outras palavras, que permitam inferir a generalização da habilidade mental treinada para sua aplicação nas competições pelos atletas.

Respeitando esses princípios, o que se sugere é que também se combine os métodos de neurofeedback com imagens de competições e o treino de imagética mental. A frequência de onda ideal para encontrar o estado de fluidez tão almejado pelo psicólogo do esporte é entre 12Hz e 15Hz, também conhecido como ritmo sensório-motor (THOMPSON et al., 2008).

Futuras Direções

As pesquisas com novas tecnologias no esporte ainda dependem de replicação sólida e consistente. Apesar de técnicas promissoras, os biofeedbacks ainda dependem do controle de muitas variáveis e da combinação dessa técnica com outras para que sua eficácia seja conquistada. Por outro lado, o neurofeedback ainda carece de evidências quanto à sua generalização: será que um atleta treinado com neurofeedback consegue usar os métodos por ele desenvolvidos para atingir um estado mental ideal durante a competição, fora do ambiente controlado?

A verdade é que, no que concerne as novas tecnologias no ambiente do treinamento mental de atletas, ainda há muito a percorrer. O psicólogo do esporte tem mais perguntas do que respostas, mas o nosso empreendimento é buscar responder e desenvolver métodos cada vez mais precisos para otimizar a performance de atletas de todos os níveis.

Referências Bibliográficas

BÄUMLER, G. The Dawn of Sport Psychology in Europe, 1880—1930: Early Pioneers of a New Branch of Applied Science. In: GREEN, C. D.; BENJAMIN, L. T. (Eds.).. *Psychology Gets in the Game Sport, Mind, and Behavior, 1880-1960*. Lincoln, NE: University of Nebraska Press, 2009. p. 20-77.

BLUMENSTEIN, B. et al. Regulation of mental states and biofeedback techniques: Effects on breathing pattern. *Biofeedback and Self-Regulation*, v. 20, n. 2, p. 169-183, jun. 1995.

BLUMENSTEIN, B.; BARCELI, M.; TENENBAUM, G. The augmenting role of biofeedback: Effects of autogenic, imagery and music training on physiological indices and athletic performance. *Journal of Sports Sciences*, v. 13, n. 4, p. 343-354, ago. 1995.

BRANDÃO, M. L. *As bases biológicas do comportamento: Introdução à neurociência*. Ribeirão Preto: Editora Pedagógica Universitária, 2004.

BROWNLEY, K. A.; MCMURRAY, R. G.; HACKNEY, A. C. Effects of music on physiological and affective responses to graded treadmill exercise in trained and untrained runners. *International Journal of Psychophysiology*, v. 19, n. 3, p. 193-201, abr. 1995.

EDMONDS, W. A. et al. The effect of biofeedback training on affective regulation and simulated car-racing performance: A multiple case study analysis. *Journal of Sports Sciences*, v. 26, n. 7, p. 761-773, maio 2008.

EIME, R. M. et al. A systematic review of the psychological and social benefits of participation in sport for children and adolescents: informing development of a conceptual model of health through sport. *International Journal of Behavioral Nutrition and Physical Activity*, v. 10, n. 1, p. 98, 2013.

GANSTER, D. C. et al. Managing organizational stress: A field experiment. *Journal of Applied Psychology*, v. 67, n. 5, p. 533-542, 1982.

GREENBAUM, H. H.; WHITE, N. D. Biofeedback At the Organizational Level: the Communication Audit. *Journal of Business Communication*, v. 13, n. 4, p. 3-16, 1 jul. 1976.

HAUTALA, A. J.; KIVINIEMI, A. M.; TULPPO, M. P. Individual responses to aerobic exercise: The role of the autonomic nervous system. *Neuroscience & Biobehavioral Reviews*, v. 33, n. 2, p. 107-115, fev. 2009.

KARPINSKI, A.; HILTON, J. L. Attitudes and the Implicit Association Test. *Journal of Personality and Social Psychology*, v. 81, n. 5, p. 774-788, 2001.

LANDERS, D. M. Psychophysiological Assessment and Biofeedback. In: *Biofeedback and Sports Science*. Boston, MA: Springer US, 1985. p. 63-105.

LEHRER, P. M.. et al. Heart Rate Variability Biofeedback Increases Baroreflex Gain and Peak Expiratory Flow. *Psychosomatic Medicine*, v. 65, n. 5, p. 798-805, 2003.

MALOUIN, F.; JACKSON, P. L.; RICHARDS, C. L. Towards the integration of mental practice in rehabilitation programs. A critical review. *Frontiers in Human Neuroscience*, v. 7, 2013.

MURAYAMA, K.; ELLIOT, A. J. The competition—performance relation: A meta-analytic review and test of the opposing processes model of competition and performance. *Psychological Bulletin*, v. 138, n. 6, p. 1035-1070, 2012.

ORENSTEIN *et al.* Field evaluation of vaccine efficacy. *Bulletin of the World Health Organization*, 1985;63(6):1055-68.

POPPER, K. *A lógica da pesquisa científica*. São Paulo: Editora Cultrix, 1993.

PURVIS, D., GONSALVES, S. & DEUSTER, S. Physiological and Psychological Fatigue in Extreme Conditions: Overtraining and Elite Athletes. *American Academy of Physical Medicine and Rehabilitation*, 2010, 2:442-50.

RAND, K.; LAHAV, A. Maternal sounds elicit lower heart rate in preterm newborns in the first month of life. *Early Human Development*, v. 90, n. 10, p. 679-683, out. 2014.

SAHA, S. et al. Effect of Emotional Regulation on Performance of Soccer Skills. *Procedia - Social and Behavioral Sciences*, v. 91, p. 594-605, out. 2013.

SARKAR, M.; FLETCHER, D. Psychological resilience in sport performers: a review of stressors and protective factors. *Journal of Sports Sciences*, p. 1-16, 9 abr. 2014.

THOMPSON, T. et al. EEG applications for sport and performance. *Methods*, v. 45, n. 4, p. 279-288, ago. 2008.

VELANDIA, M. et al. Onset of Vocal Interaction Between Parents and Newborns in Skin-to-Skin Contact Immediately After Elective Cesarean Section. *Birth*, v. 37, n. 3, p. 192-201, 2 set. 2010.

VICTOR, R.; MAINARDI, A. J.; SHAPIRO, D. Effects of Biofeedback and Voluntary Control Procedures on Heart Rate and Perception of Pain During The Cold Pressor Test. *Psychosomatic Medicine*, v. 40, n. 3, 1978.

WORLD HEALTH ORGANIZATION. *mhGAP Intervention Guide: for mental neurological and substance use disorders in non-specialized health settings*. Geneva: World Health Organization Press, 2010.

YASUMA, F.; HAYANO, J. Heartbeat Synchronizes With Respiratory Rhythm Only Under Specific Circumstances. *Chest*, v. 126, n. 4, p. 1386-1387, out. 2004.

Ampliando a psicologia do esporte: o uso de novas tecnologias

ERICK CONDE

Notadamente, os seres humanos buscam cada vez mais o suporte de recursos tecnológicos para diferentes atividades de sua vida, seja no lazer, no trabalho e até mesmo nas esferas social e afetiva. Logo, no campo do esporte e da atividade física, não poderia ser diferente (LIEBERMANN et al., 2002; LOLAND, 2002; VARRIALE e TAFURI, 2015; VARRIALE e TAFURI, 2016). Devido ao forte desenvolvimento científico e à interdisciplinaridade estabelecida por áreas como engenharia, medicina e ciências da computação, recursos tecnológicos passaram também a apoiar as ciências dos esportes (LOLAND, 2002; VARRIALE e TAFURI, 2015). Enfatizando a área de alto rendimento, não é difícil identificar que, com o passar do tempo, os atletas demonstram níveis técnicos mais aprimorados e uma preparação física que supera à de gerações anteriores. Tais fatos podem ser facilmente identificados nos recordes superados a cada edição dos Jogos Olímpicos e Paralímpicos. Dentre os aspectos desencadeadores dessa evolução, tem papel fundamental a apropriação de novas tecnologias, as quais se inserem em diferentes contextos — nos equipamentos e materiais utilizados pelos atletas, nas estratégias da comissão técnica e na assessoria oferecida pela equipe multidisciplinar (VARRIALE e TAFURI, 2015).

Tal apropriação tem permitido melhorias na prática de atividades físicas e esportivas, potencializa ações de medicina, fisioterapia e outras áreas da saúde, além de viabilizar verdadeiras inovações nos campos da nutrição, da gestão esportiva e de demais áreas de atuação no contexto do esporte e do exercício, seja no alto rendimento, na reabilitação ou no esporte de lazer. Destaca-se o suporte tecnológico para exames de imagem de alta resolução, aparelhos e sistemas capazes de otimizar a reabilitação física, sistemas para análise biomecânica, modelos de treinamentos com realidade virtual, implementação de serviços de estrategismo, tecnologias assistivas e análises fisiológicas dos estados essenciais para alta performance, entre outras inúmeras possibilidades (LOLAND, 2002; BURKETT, 2010; VARRIALE e TAFURI, 2015).

No campo da Psicologia do Esporte, as tecnologias têm sido usadas em larga escala para medidas cognitivas, psicofisiológicas e treinamento mental. Passaram, então, a ser consideradas indicadores eficientes e objetivos de estados mentais (LINDEN e STRACK, 2011). Essas aplicações se aproximam do campo das Neurociências, fato que tem propiciado maior amplitude às avaliações tradicionais da psicologia, por preencherem uma lacuna entre a subjetividade da esfera mental e a fisiologia esportiva (TAKASE, 2005).

Para além da avaliação, inovações neurotecnológicas também têm ajudado no treinamento de habilidades mentais, auxiliando atletas a ampliarem seu controle emocional e cognitivo, além de suas reações fisiológicas e comportamentais (DUPEE e WERTHNER, 2011; HAMMOND, 2007; TAKASE, 2005). Sistemas de neuromodulação, neuroestimulação, técnicas de biofeedback e rastreadores oculares têm servido a esses propósitos (TAKASE, 2005).

Dentre eles, as técnicas de biofeedback vêm ganhando importante espaço no repertório instrumental de psicólogos que trabalham com alto rendimento (DUPEE e WERTHNER, 2011; LINDEN e STRACK, 2011). Das habilidades mentais mencionadas, observa-se importante ênfase nas capacidades cognitivas, como habilidades atencionais, capacidades de autorregulação (cognitiva e emocional), processos de tomada de decisão, controle inibitório e velocidade do processamento sensório-motor. Em termos gerais, a junção da Psicologia do Esporte com as neurociências tem viabilizado uma compreensão mais ampla dos processos mentais do atleta em diferentes circunstâncias do contexto esportivo. Também ajuda a aumentar o entendimento sobre os efeitos do exercício físico nas funcionalidades neuronais e em processos psíquicos e comportamentais de idosos, crianças ou atletas de alto rendimento. Considerando a relevância e o potencial de tais aplicações, este capítulo apresentará e discutirá algumas abordagens de base tecnológica que têm conquistado cada vez mais espaço nos estudos e na assistência psicológica no contexto dos esportes e do exercício.

Sistemas de Biofeedback

O biofeedback é uma técnica baseada na aprendizagem operante e requer um sistema capaz de ler sinais biológicos, bem como armazená-los, amplificá-los e retroalimentá-los em tempo real. Mais especificamente, registros periféricos (como variabilidade cardíaca, tensão muscular, resposta galvânica e frequência respiratória) e centrais do sistema nervoso (como eletroencefalografia — EEG, hemoencefalografia — HEG e ressonância magnética funcional de imagem — fMRI) são processados e retroalimentados pelo sujeito através de uma tarefa lúdica, permitindo que ele amplie sua consciência psicofisiológica e aprenda a autorregular sua fisiologia e seus estados mentais (DUPEE e WERTHNER, 2011; HAMMOND, 2007; LINDEN e STRACK, 2011; VAN QUEKELBERGHE, 1995).

Logo, tais medidas se tornaram indicadores importantes de níveis de ativação psicofisiológica de atletas (DUPEE e WERTHNER, 2011; PAGANI, LOMBARDI e MALLIANI, 1993) e de suas capacidades de autorregulação por possibilitarem entender como tais dados se modificam a partir de uma linha de base traçada antes de qualquer estratégia autorregulatória (APPELHANS e LUECKEN, 2006). As medidas periféricas têm sido utilizadas principalmente para evidenciar alterações na homeostase entre os sistemas simpático e parassimpático, os quais são muito usados como indicadores de reatividade emocional (como estresse e ansiedade), enquanto medidas centrais como EEG, HEG, fMRI e outras podem ampliar o potencial dessa técnica ao permitir inferências sobre capacidades cognitivas (como atenção, raciocínio, memória, aprendizagem, planejamento, autorregulação e tomada de decisões) e de habilidades de controle neural do movimento (NAITO e HIROSE, 2014; ZHU, 2014). As modalidades de biofeedback pautadas em medidas diretas do sistema nervoso central também são denominadas neurofeedback (ANGELAKIS et al., 2007).

Geralmente, os protocolos de treinamento com neurofeedback consistem em estimular os participantes a manter um padrão de atividade neuronal de acordo com as demandas e os objetivos do treinamento (ANGELAKIS et al., 2007; PARENTE E PARENTE, 2006). Para isso, os sinais são coletados, convertidos e exibidos na tela de um computador através de uma dinâmica lúdica que favorece a autorregulação (Figura 1). Evidências demonstram que o treino em neurofeedback é capaz de alterar a topografia espectral do EEG em sujeitos saudáveis, não só na frequência treinada, mas também em outras frequências e regiões cerebrais (EGNER, ZECH e GRUZELIER, 2004).

Muitas evidências emergiram no meio acadêmico sobre a eficiência do treinamento com biofeedback na alta performance de atletas (HAMMOND; 2007; DUPEE e WERTHNER, 2011; WILSON e PEPER, 2011). De acordo com Hammond (2007), tal benefício pode ser encontrado em diferentes modalidades esportivas, embora cada uma tenha suas especificidades. A melhoria do rendimento é atribuída a uma maior capacidade de controle emocional, cognitivo e fisiológico. Segundo Wilson e Peper (2011), o treinamento com neurofeedback no esporte apresenta particularidades que o diferenciam da aplicação no âmbito da clínica, dentre as quais destacamos o

Figura 1: Ilustração da dinâmica operacional do treinamento com neurofeedback para aumento da amplitude da frequência de 12-15 Hz realizado por Erick Conde e colaboradores (2015).

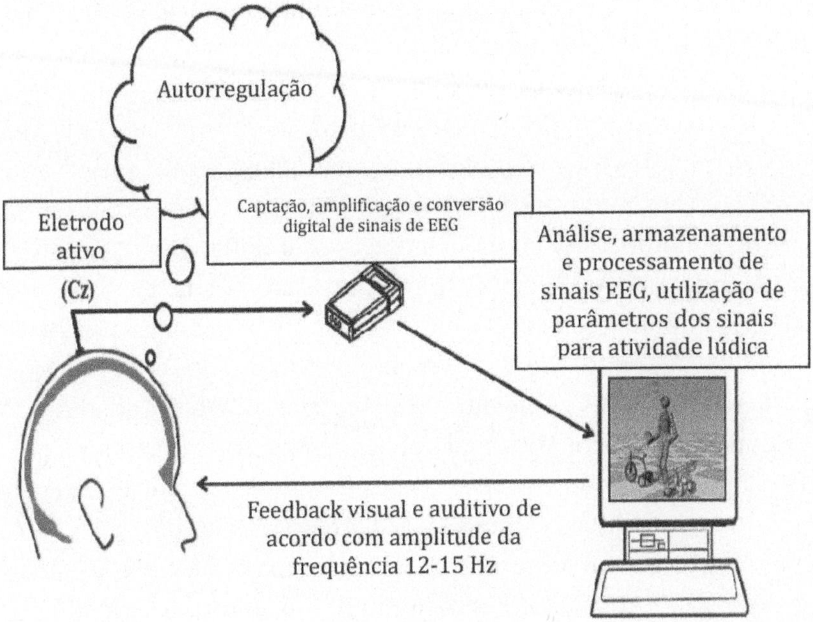

propósito do treinamento (melhoria da performance vs. redução sintomática), diferenças morfofisiológicas (associadas ao treinamento físico) e maiores capacidades de transferência do aprendizado obtido com o treino em neurofeedback para a demanda real.

Para Adams (2006), a utilização dos sistemas de neurofeedback na preparação foi crucial para que a seleção italiana de futebol conquistasse a tão almejada Copa do Mundo, em 2006. Em artigo, o autor destaca a existência de diferentes protocolos de treinamento, que variam de acordo com a alocação dos eletrodos no escalpo e com a(s) frequência(s) de atividade neuronal treinada(s). No entanto, não especifica os protocolos implementados com os jogadores italianos.

Conde e colaboradores (2015) demonstraram que o treinamento para manter e aumentar a amplitude da frequência SMR pode ser um protocolo eficaz com jogadores de futebol. A sigla SMR significa *Sensorimotor Rithm* (ritmo sensório-motor) e é caracterizada como uma frequência intermediária (12-15 Hz), entre alfa e beta, nas regiões centrais, responsáveis pela integração sensório-motora. De acordo com Pineda (2005), o treinamento para o controle dessa frequência envolve uma modulação reguladora do córtex pré-frontal sobre o córtex motor e propicia melhorias das funções cognitivas, afetivas e motoras (ver também KAYIRAN et al. 2007). David Vernon e colaboradores (2003) demonstram que o aumento na amplitude do SMR é acompanhado por uma redução dos níveis das ondas Teta e de alguns componentes de Beta (frequências mais altas). Há também relatos de melhoras significativas em funções mentais avaliadas por testes de memória operacional e atenção (NORRIS e CURRIERI, 1999). No estudo de Conde e colaboradores (2015), ficaram evidenciadas importantes evoluções obtidas por quatro (de cinco) jogadores submetidos a um breve protocolo de treinamento que se mostrou capaz de influenciar positivamente o desempenho, a saúde e a qualidade de vida, garantindo a eles também um melhor futuro profissional.

Ainda que a fisiologia do esporte tenha conquistado seu espaço no âmbito das ciências dos esportes, viabilizando avaliações precisas e detalhadas, bem como orientações e prescrição de exercícios, alguns aspectos fisiológicos ainda merecem atenção, principalmente no campo da psicofisiologia. Embora mecanismos neurofisiológicos já tenham sido descritos para os processos motores, emocionais e cognitivos (KANDEL, 1997), dificilmente se encontra um setor de neurofisiologia e/ou psicofisiologia funcionando em uma instituição esportiva, especialmente no Brasil.

Algumas iniciativas ao redor do mundo já demonstram benefícios da implementação de sistemas e tecnologias destinadas a avaliação e treinamento psicofisiológico de atletas (ADAMS, 2006; HAMMOND, 2007) e aos poucos ela passa a ser considerada por clubes, confederações e agremiações brasileiras. No país, a Confederação Brasileira de Judô foi pioneira em disponibilizar o biofeedback para a preparação psicológica de atletas olímpicos, durante o ciclo de Londres-2012 (CONFEDERAÇÃO BRASILEIRA DE JUDÔ, 2012; GLOBOESPORTE.COM; 2012; MENDES, 2012). Atualmente, a técnica tem sido difundida e utilizada por outras confederações, sendo aplicada pelo Comitê Olímpico Brasileiro (COB) na preparação dos Jogos Olímpicos do Rio de Janeiro, em 2016.

Rastreadores do Olhar

A atenção visual pode ser entendida como a habilidade de selecionar estímulos de interesse em um ambiente repleto de informações, facilitando tanto o processamento da informação sensorial quanto a programação de atos motores (RIZZOLATTI et al., 1987; VICKERS e ADOLPHE, 1997; PASHLER, JOHNSTON e RUTHRUFF, 2001; MILLER e CLAPP, 2011). Logo, tal função é essencial para diferentes atividades cotidianas, sendo imprescindível para uma boa interação do sujeito com estímulos do meio ambiente de uma forma geral (SANDERS e SANDERS, 2013).

Especificamente nos esportes, a atenção visual é identificada como crucial para o desempenho em diferentes modalidades, uma vez que o alto rendimento vai depender de uma orientação atencional adequada aos estímulos relevantes ao planejamento e à execução técnica e tática (HARLE e VICKERS, 2001; RODRIGUES et al., 2001; SAVELSBERGH et al., 2002; MILLER e CLAPP, 2011).

Técnicas tradicionais da Psicologia do Esporte ajudam atletas a melhorar o controle de suas capacidades atencionais (WEINBERG e GOULD, 2011), mas o desenvolvimento de tecnologias no campo da psicofísica e neuropsicologia cognitiva ampliou consideravelmente a compreensão de como se comporta a atenção visual em diferentes circunstâncias no contexto dos esportes e do exercício e de como se estabelecem relações entre padrões atencionais e rendimento motor

(HARLE e VICKERS, 2001; RODRIGUES et al., 2001; SAVELSBERGH et al., 2002; VICKERS, 2004; WILLIAMS et al., 2002).

Apesar de haver grande diversidade de métodos e técnicas de avaliação e treinamento da atenção visual, o monitoramento do comportamento ocular dos atletas tem ganhado destaque em pesquisas que articulam essa função com o desempenho esportivo (VICKERS e ADOLPHE, 1997; SAVELSBERGH et al., 2002; WOOD e WILSON, 2011). Os sistemas de rastreamento ocular utilizam imagens obtidas de uma câmera frontal, direcionada ao ambiente, em conjunto com imagens obtidas por uma microcâmera ocular, que registra toda a movimentação dos olhos. O software permite sobrepor imagens obtidas nessas duas fontes de registro, permitindo estimar as informações visuais que estão sendo priorizadas pelo atleta para planejar e executar (ou inibir) uma ação motora. Modelos permitem a transmissão de dados ao computador em tempo real por intermédio de tecnologias diferenciadas.

No golfe, Vickers (2004) identificou padrões oculares bem diferentes entre atletas de golfe assertivos e atletas com proficiência reduzida. Os atletas hábeis conseguiram fixar sua atenção visual exclusivamente nas referências espaciais relevantes, enquanto os menos proficientes realizaram mais buscas visuais e levaram mais tempo para programar e executar o movimento. Segundo a pesquisadora, a fixação ocular que se mantém estável no aspecto relevante para o movimento e, portanto, é menos agitada, pode facilitar a obtenção de melhores resultados na prática esportiva (VICKERS, 2004; VICKERS, 2007; WILLIAMS, VICKERS e RODRIGUES, 2002). Para os pesquisadores, os aspectos do comportamento visual que podem influenciar o desempenho final de um lance esportivo são a duração da última fixação visual no alvo e a realização de movimentos sacádicos durante a execução da ação (VICKERS e WILLIAMS, 2007; WILLIAMS et al., 2002; VICKERS, 2004).

Savelsbergh e colaboradores (2002) conduziram um experimento que simula cobranças de pênaltis em um ambiente de realidade virtual. Nele, os goleiros mais experientes conseguiam predizer com mais assertividade o lado da cobrança e possuíam uma estratégia visual mais eficiente que a dos novatos, uma vez que conseguiam filtrar o excesso de informações e se concentrar nos objetivos da ação. Assim, foram mais assertivos ao predizer a direção do chute. No futebol, a atenção visual não influencia apenas o desempenho dos goleiros — o aproveitamento de cobradores de pênaltis também pode ser influenciado pela forma como orientam sua atenção no espaço visual (WOOD e WILSON, 2011).

O mesmo acontece em outros esportes. Rastreadores oculares têm sido utilizados em propostas de treinamento para a atenção visual, como indicam estudos com lance livre no basquete (HARLE e VICKERS, 2001), atletas de elite no golfe (VINE et al. 2011), tênis de mesa (RODRIGUES et al., 2001; WILLIAMS et al., 2002) e chutes a gol no futebol (WOOD e WILSON, 2011).

A atenção visual deve ser sempre considerada como um tema amplo e difícil de ser esgotado, uma vez que reúne muitas especificidades em uma grande variedade de produções científicas, métodos, técnicas e tecnologias de avaliação e treinamento (PASHLER, JOHNSTON e RUTHRUFF, 2001; WEBBE, 2010; HARLE e VICKERS, 2001; RODRIGUES et al., 2001; VINE, MOORE e WILSON, 2011; WILLIAMS et al., 2002). Tal função tem sido objeto de estudo da psicologia do esporte por muitas décadas e, ainda assim, a apropriação tecnológica de rastreadores oculares por psicólogos do esporte é ínfima, apesar de todo o potencial comprovado.

Medidas Cognitivas Informatizadas

Funções cognitivas, como atenção, memória, capacidades inibitórias e tomada de decisão são essenciais para um bom aproveitamento técnico e tático (HOULSTON e LOWES, 1993; RIPOLL, 1991). Dentre os instrumentos tradicionalmente usados pela psicologia do esporte para avaliar tais capacidades, são encontrados testes psicológicos, escalas e inventários. No entanto, uma crítica pertinente se pauta nos limites introspectivos e na fragilidade de medidas explícitas. Adicionalmente, muitos consideram apenas a assertividade e não mensuram a velocidade de raciocínio, a integração sensório-motora e a programação de movimentos, aspectos fundamentais para o alto rendimento. Nesse contexto, é importante observar que softwares que possibilitam a medida e a análise do tempo de reação manual (TRM) também têm sido utilizados, propiciando informações importantes sobre processos cognitivos e a integração destes com respostas motoras (RIPOLL, 1991; ECKNER, KUTCHER e RICHARDSON, 2010; SANDERS e SANDERS, 2013).

A medida do TRM se baseia em mensurar o intervalo de tempo entre o surgimento de um estímulo sensorial e a execução de uma resposta motora (GAWRYSZEWSKI et al., 2006) e permite investigar aspectos funcionais básicos (como percepção e atenção visual), processos cognitivos superiores (como tomada de decisão, velocidade do raciocínio, capacidade de memória) e funções diversas, com diferentes protocolos disponíveis (CONDE, FILGUEIRAS e LAMEIRA, 2009; CARREIRO et al., 2009; COLLIE et al. 2001; ECKNER et al., 2010; FILGUEIRAS, 2010).

Dentre as aplicações nos esportes é possível encontrar, por exemplo, uma proposta de estudo sobre a especialização dos circuitos atencionais em jogadores de vôlei (CARREIRO et al., 2009). Nessa pesquisa, os autores verificaram que os atletas orientam sua atenção de forma voluntária mais rápido do que não praticantes da modalidade. No teste de orientação atencional automática não foram verificadas diferenças significativas entre os dois grupos. Em conclusão, sugeriram a existência de uma especialização dos circuitos da atenção espacial em atletas de vôlei.

Filgueiras (2010) também investigou mecanismos voluntários e automáticos da atenção visual, mas com jogadores de futebol. Seu protocolo utilizou uma tarefa que exigia reconhecimento de propriedades específicas de estímulos visuais: cor e forma. Os estímulos apareciam em diferentes localidades, caracterizando uma adaptação do protocolo clássico de Zhe Chen (1998), também baseado na medida do TRM. Os resultados evidenciaram que o efeito atencional esperado esteve presente tanto no grupo de atletas que praticou exclusivamente o treinamento físico, técnico e tático (exercícios de coordenação motora, atividades aeróbicas e futebol coletivo), como no grupo que fez complementação com treinamento mental (prática de relaxamento, imagética mental e exercícios psicofísicos). No entanto, o principal achado foi o fato de o grupo de treinamento mental ser capaz de suprimir a tendência natural de inibição atencional após a sessão inicial. Isto permite concluir que o protocolo estabelecido para o treinamento mental otimizou processos automáticos.

Conde e colaboradores (2011) demonstraram que um protocolo clássico de TRM (tarefa de Simon) pode servir como estratégia de avaliação cognitiva e acompanhamento psicológico de judocas de alto rendimento, desde que utilizado em periodicidade que permita uma análise de evoluções, oscilações ou retrocessos do desempenho cognitivo. Nesse estudo de caso, dois atletas da Confederação Brasileira de Judô foram submetidos ao teste de Simon semanalmente, durante um mês. Os autores demonstraram ser possível identificar variações de desempenho individual nas diferentes sessões realizadas. As evidências suportaram a utilização do teste de Simon como estratégia de avaliação cognitiva no esporte, uma vez que demonstrou sensibilidade às variações de desempenho e obedeceu ao princípio da individualidade biológica, permitindo distinguir os padrões de resposta entre os atletas avaliados. No estudo, os autores defenderam a relevância de medidas psicofísicas como alternativa de avaliação cognitiva na psicologia do esporte, com vantagens importantes em comparação aos métodos tradicionais.

Os protocolos informatizados realmente têm conquistado espaço nas abordagens psicológicas para avaliação cognitiva de atletas e desportistas. Nesse contexto, para que se compreenda a relevância das aplicações desses métodos de avaliação cognitiva, convém destacar os protocolos mais utilizados. Dentre eles, o software Cogstate demonstra aplicações importantes para avaliar funções cognitivas específicas (COLLIE et al., 2001; ECKNER, KUTCHER e RICHARDSON, 2010). O programa é caracterizado por uma bateria de testes cognitivos que permite monitorar funções como memória, atenção, atenção concentrada, tomada de decisão e velocidade de raciocínio. Uma das utilidades é determinar se um tratamento, treinamento, estímulo, concussão ou intervenção apresenta efeitos positivos ou negativos sobre o desempenho cognitivo. Adicionalmente, a empresa desenvolvedora tem como proposta uma bateria específica de avaliação no contexto do esporte e do exercício conhecida como CogSport.

Schatz e Zillmer (2003) enfatizam a importância da utilização de medidas computacionais no acompanhamento de alterações cognitivas em atletas de modalidades de contato (como futebol, lutas e rugby), em função de estarem mais suscetíveis a concussões e alterações cognitivas decorrentes de impactos na cabeça. Nesse caso, as medidas computacionais seriam mais indicadas, pois as alterações verificadas nas medidas informatizadas se correlacionaram com alterações nos padrões de conectividade neuronal em estudos com neuroimagem (ZHU et al., 2014). Schatz e Zillmer (2003) comparam caraterísticas do Cogsport com o CRI (Concussion Resolution Index) e com o ImPACT (Immediate Post Concussion Assessment Cognitive Testing). A Tabela 1 sumariza algumas propriedades desses instrumentos.

Além destas baterias, é importante saber que muitos estudos têm sido realizados com versões computadorizadas de testes cognitivos clássicos, como o de Stroop (atenção seletiva e controle inibitório), o *go/no go* (controle inibitório), o *Continuous Performance Task* (CPT, atenção) e o de tempo de reação simples, indicando aplicações potenciais em avaliações no contexto do esporte e do exercício (WEBBE, 2010).

Tabela 1: Algumas baterias cognitivas informatizadas e suas principais características, de acordo com Schatz e Zillmer (2003).

Propriedade	Bateria de testes		
	CogSport	CRI	ImPACT
Tempo de aplicação	15 a 20 minutos	20 a 25 minutos	20 a 25 minutos
Funções avaliadas	Percepção e integração sensório-motora (tempo de reação simples), processos decisórios (tempo de reação de escolha), atenção sustentada, memória de curta duração (one back), aprendizagem associativa e incidental	Percepção e integração sensório-motora (tempo de reação simples), processos decisórios (tempo de reação de escolha), atenção (cued RT task), reconhecimento visual, processamento simbólico e decodificação	Discriminação de palavras, memória de trabalho visual, amplitude visuoatencional, processamento simbólico, processos decisórios (tempo de reação de escolha)
Suporte técnico	Suporte online ilimitado	Suporte online grátis (email); compra de suporte por telefone	Suporte online e por telefone ilimitados
Relatório	Mediante pagamento de taxa anual cobrada para cada atleta	Caracterizado por comparação com linha de base. Gerado automaticamente e sem custos adicionais	Caracterizado por comparação com linha de base. Gerado automaticamente e sem custos adicionais
Arquivamento de dados	Realizado no computador e/ ou em servidor na internet	Servidor na internet	Servidor na internet
Sistema operacional	Windows 95/98/2000NT; MacOs 8.6, 9 ou X	Windows-IE 5 e 6; MacOs NetScape (5.7)	Windows 95/98/2000NT

Considerações Finais

Atualmente é possível verificar que a disponibilidade de diferentes tecnologias capazes de mensurar indicadores de processos mentais tem ampliado o potencial da Psicologia do Esporte na assistência ao atleta de alto rendimento. Ao propiciarem medidas objetivas e minuciosas da cognição, da reatividade fisiológica e de processos emocionais, tais recursos têm sido utilizados para fins de avaliação, como modelos de treinamento e intervenção. Muitos consideram as abordagens de base tecnológica verdadeiras revoluções na área da preparação mental de atletas. A apropriação dessas tecnologias para avaliação e suporte psicológico já é considerada uma tendência mundial na área da Psicologia do Esporte (TAKASE, 2005; LINDEN e STRACK, 2011). Nesse sentido, o presente trabalho teve a pretensão de apresentar e discutir o potencial de alguns desses recursos, com a finalidade maior de contribuir para o desenvolvimento científico e tecnológico das práticas na área da Psicologia do Esporte e do exercício.

Referências Bibliográficas

ADAMS, R. Getting your head in the game. *The Wall Street Journal,* Nova York, p. 29-30, 29 jul. 2006.

ANGELAKIS, E.; HATZIS, A.; PANOURIAS, I.G.; SAKAS, D.E. Brain computer interface: a reciprocal self-regulated neuromodulation. *Acta Neurochirurgica Supplementum,* v. 97, n. 2, p. 555-559, 2007.

APPELHANS, B.M.; LUECKEN, L.J. Heart rate variability as an index of regulated emotional responding. *Review of general psychology,* v. 10, n. 3, p. 229, 2006.

BURKETT, B. Technology in Paralympic sport: performance enhancement or essential for performance? *British journal of sports medicine,* v. 44, n. 3, p. 215-220, 2010.

CARREIRO, L.R.R.; FERREIRA, I.R.; MACHADO-PINHEIRO, W. Comparação de desempenho de jogadores de voleibol e não esportistas em tarefas de orientação automática e voluntária da atenção visual: um estudo exploratório. *Psicologia: teoria e prática,* v. 11, n. 2, p. 38-49, 2009.

CHEN, Z. Switching Attention Within and Between Objects: The Role of Subjective Organization. *Canadian Journal of Experimental Psychology*. v. 52, n. 1, p. 7-16, 1998.

COLLIE, A.; MARUFF, P.; SHAFIQ-ANTONACCI, R.; SMITH, M.; HALLUP, M.; SCHOFIELD, P.R.; MASTERS, C.L.; CURRIE, J. Memory decline in healthy older people. *Neurology*, v. 56, p. 1533-1538, 2001.

CONDE, E.; FILGUEIRAS, A.; LAMEIRA, A.P. Tempo de Reação no Futebol: A Tarefa de Compatibilidade Estímulo-Resposta (CER) como Estratégia de Treinamento. *Coleção Pesquisa em Educação Física*, v. 8, n. 5, p. 199-204, 2009.

CONDE, E.F.Q.; FILGUEIRAS, A.; LACERDA, A.; RIBEIRO, P.; SANCHEZ, T.A. The Effects of EEG Neurofeedback Training on the Behavioral Complaints of Soccer Athletes — A Case Study. In: CABRI, J.; CORREIA, P.P. (Orgs.). *Proceedings of the 3rd International Congress on Sport Sciences Research and Technology Support*. Scitepress: Science and Technology Publications. p. 132-138, 2015.

CONFEDERAÇÃO BRASILEIRA DE JUDÔ. *Judocas realizam Treinamento Mental*. Disponível: http://www.cbj.com.br/noticias/2351/judocas-realizam-treinamento-mental.html Acesso em: 27 Nov. 2016.

DUPEE, M.; WERTHNER, P. Managing the stress response: The use of biofeedback and neurofeedback with Olympic athletes. *Biofeedback*, v. 39, n.3, p. 92-94, 2011.

ECKNER, J.T.; KUTCHER, J.S.; RICHARDSON, J.K. Pilot Evaluation of a Novel Clinical Test of Reaction Time in National Collegiate Athletic Association Division I Football Players. *Journal of Athletic Training*, v. 45, n. 4, p. 327-332, 2010.

EGNER, T.; ZECH, T.F.; GRUZELIER, J.H. The effects of neurofeedback training on the spectral topography of the electroencephalogram. *Clinical Neurophysiology*, v. 115, n. 11, p. 2452-2460, 2004.

FILGUEIRAS, A. Abordagem neuropsicológica dos processos de orientação da atenção visuo-espacial e manutenção da concentração em atletas da categoria sub-13 de futebol de campo. *Ciências e Cognição*, v. 15, n. 2, 142-154, 2010.

GAWRYSZEWSKI, L.G.; LAMEIRA, A.P.; FERREIRA, F.M.; SILVA, S.G.; CONDE, E.; PEREIRA JR.; A. A compatibilidade estímulo-resposta como modelo para o estudo do comportamento motor. *Psicologia USP*, v. 17, p. 103-121, 2006.

GLOBOESPORTE.COM. *Judocas brasileiros usam jogos como 'Pac-Man' em treino para o cérebro*. Disponível: http://globoesporte.globo.com/lutas/noticia/2012/03/judocas-brasileiros-usam-jogos-como-pac-man-em-treino-para-o-cerebro.html Acesso em: 27 Nov. 2016.

HAMMOND, D.C. Neurofeedback for the enhancement of athletic performance and physical balance. *The Journal of the American Board of Sport Psychology*, v. 1, n. 1, p. 1-9, 2007.

HARLE, S.; VICKERS, J.N. Training quiet eye (QE) improves accuracy in the basketball free throw. *The Sport Psychologist*, v. 15, p. 289-305, 2001.

HOULSTON, D.R.; LOWES, R. Anticipatory cue-utilization processes amongst expert and non-expert wicketkeepers in cricket. *International Journal of Sport Psychology*, v. 24, p. 59-73, 1993.

KAYIRAN, S.; DURSUN, E.; ERMUTLU, N.; DURSUN, N.; KARAMÜRSEL, S. Neurofeedback in fibromyalgia syndrome. *The journal of the Turkish Society of Algology*, v. 19, n. 3, p. 47-53, 2007.

LIEBERMANN, D.G.; KATZ, L.; HUGHES, M.D.; BARTLETT, R.M.; MCCLEMENTS, J.; FRANKS, I.M. Advances in the application of information technology to sport performance. *Journal of sports sciences*, v. 20, n. 10, p. 755-769, 2002.

LINDEN, M.; STRACK, B. Sport Psychology Training Program. *Biofeedback*, v. 39, n. 3, p.129-129, 2011.

LOLAND, S. Technology in sport: Three ideal-typical views and their implications. *European Journal of Sport Science*, v. 2, n.1, p. 1-11, 2002.

MENDES, F. *Pac-Man para ajudar judocas na busca por medalhas em Londres.* Disponível: http://www.lance.com.br/londres-2012/Pac-Man-ajudar-judocas-medalhas-Londres_0_679132243.html Acesso em: 25 Maio 2013.

MILLER, B.T.; CLAPP, W.C. From vision to decision: The role of visual attention in elite sports performance. *Eye & Contact Lens*, v. 37, n. 3, p. 131-139, 2011.

NAITO, E.; HIROSE, S. Efficient foot motor control by Neymar's brain. *Frontiers in human neuroscience*, v. 8, p. 594, 2014.

NORRIS, S.L.; CURRIERI, M. Performance Enhancement Training through Neurofeedback. In: J.R. Evans; A. Abrabanel. *Introduction to Quantitative EEG and Neurofeedback*, Academic Press, 1999.

PAGANI, M.; LOMBARDI, F.; MALLIANI, A. Heart rate variability: disagreement on the markers of sympathetic and parasympathetic activities. *Journal of the American College of Cardiology*, v. 22, n. 3, p. 951-952, 1993.

PASHLER, H.; JOHNSTON, J.; RUTHRUFF, E. Attention and performance. *Annual Review of Psychology*. v. 52, p. 629-651, 2001.

PINEDA, J.A. The functional significance of mu rhythms: translating "seeing" and "hearing" into "doing". *Brain Research Reviews*, v. 50, n. 1, p. 57-68, 2005.

RIPOLL, H. The understanding-acting process in sport: The relationship between the semantic and the sensorimotor visual function. *International Journal of Sport Psychology*, v. 22, p. 221—243, 1991.

RIZZOLATTI, G.; RIGGIO, L.; DASCOLA, I.; UMILTÁ, C. Reorienting attention across the horizontal and vertical meridians: Evidence in favor of a premotor theory of attention. *Neuropsychologia*, v. 25 n. 1A, p. 31-40, 1987.

RODRIGUES, S.T.; VICKERS, J.N.; WILLIAMS, A.M. Head, eye and arm co-ordination in table tennis: An exploratory study. *Journal of Sport Sciences*, v. 20, n.3, p. 171-186, 2002.

SANDERS, A.F.; SANDERS, A. *Elements of human performance: Reaction processes and attention in human skill.* Psychology Press, 2013.

SAVELSBERGH, G.J.P.; VAN DER KAMP, J.; WILLIAMS, A.M.; WARD, P. Visual search, anticipation and expertise in soccer goalkeepers. *Journal of Sports Science*, v. 20, n. 23, p. 279-87, 2002.

TAKASE, E. Neurociência do esporte e do exercício. *Neurociências*, v. 2, n. 5, p.1-07, 2005.

VAN QUEKELBERGHE, R. Strategies for autoregulation of peripheral skin temperature. *Perceptual and motor skills*, v. 80, n. 2, p. 675-686, 1995.

VARRIALE, L.; TAFURI, D. Technology for Soccer Sport: The Human Side in the Technical Part. In *International Conference on Exploring Services Science*, Springer International Publishing, 2016.

VARRIALE, L.; TAFURI, D. *Technological trends in the sport field: which application areas and challenges*? In: Nóvoa, H.; Dragoicea, M. (eds.) IESS 2015. LNBIP, v. 201, Springer, Heidelberg, 2015.

VERNON, D.; EGNER, T.; COOPER, N.; COMPTON, T.; NEILANDS, C.; SHERI, A.; GRUZELIER, J. The effect of training distinct neurofeedback protocols on aspects of cognitive performance. *International Journal of Psychophysiology*, v. 47, n.1, p. 75-85, 2003.

VICKERS, J.N. The quiet eye: it's the difference between a good putter and a poor one. *Golf Digest*. v. 26, p. 96-101, 2004.

VICKERS, J.N.; ADOLPHE, R.A. Gaze behavior during a ball tracking and aiming skill. *International Journal of Sports Vision*, v. 4, n. 28, p. 18-27, 1997.

VICKERS, J.N.; WILLIAMS, A.M. Performing under pressure: the effects of physiological arousal, cognitive anxiety, and gaze control in biathlon. *Journal of Motor Behavior*, v. 39, p. 381-394, 2007.

VINE, S.J.; MOORE, L.J.; WILSON, M.R. Quiet eye training facilitates competitive putting performance in elite golfers. Frontiers in psychology, v. 2, n. 8, p. 1-9, 2011.

WEBBE, F. (Ed.). *The handbook of sport neuropsychology*. Springer Publishing Company, 2010.

WEINBERG, R.S.; GOULD, D. *Foundations of sport and exercise psychology*. Illinois (USA): Human Kinetics, 2011.

WILSON, V.; PEPER, E. Athletes are different: factors that differentiate biofeedback/neurofeedback for sport versus clinical practice. *Biofeedback*, v. 39, n. 1, p. 27-30, 2011.

WOOD, G.; WILSON, M.R. Quiet-eye training for soccer penalty kicks. *Cognitive Processing*, v. 12, n. 3, 257-266, 2011.

ZHU, D.; COVASSIN, T.; NOGLE, S.; DOYLE, S.; RUSSELL, D.; PEARSON, R.; KAUFMAN, D. A Potential Biomarker in Sports-Related Concussion: Brain Functional Connectivity Alteration of the Default-Mode Network Measured with Sequential Resting-State fMRI. *Neurology*, v. 82, n.10, p. 5-303, 2014.

KANDEL, E.R.; SCHWARTZ, J.H.; JESSELL, T.M. *Fundamentos da neurociência e do comportamento*. Guanabara Koogan, 1997.

SCHATZ, P.; ZILLMER, E.A. Computer-based assessment of sports-related concussion. *Applied Neuropsychology*, v. 10, n. 1, p. 42-47, 2003.

Sobre os autores

Adriana Lacerda

Psicóloga (PUC-RJ), com especialização em Psicologia Aplicada ao Esporte de Alto Rendimento (UVA-RJ). Formação em Teoria Cognitivo-Comportamental (CPAF-RJ). Mestre em Ciência da Motricidade Humana (UCB-RJ). Doutoranda em Psicologia Clínica e Neurociências (PUC-RJ), docente e supervisora na UVA-RJ.

Alberto Filgueiras

Professor de Psicometria e Psicologia do Esporte da UERJ. Coordenador do Laboratório de Neuropsicologia Cognitiva e Esportiva (LaNCE). Doutor em Psicologia com ênfase em Neurociências pela PUC-Rio em colaboração com a Western University, Canadá.

Alessandra Dutra

Psicóloga (UMESP). Mestre em Psicologia Social pela PUC-SP. Professora da UMESP (1996 a 2008). Coordenadora do Departamento da Preparação Mental do Comitê Olímpico Brasileiro. Psicóloga das equipes de Handebol Masculino (2001), Handebol Feminino (2013) e Seleção Masculina de Basquete (2015).

Aline Arias Wolff

Psicóloga Clínica Esportiva. Mestre e Doutoranda em Psicologia UFRJ. Coordenadora da equipe de Preparação Mental do Comitê Olímpico Brasileiro (COB). Psicóloga de atletas olímpicos. Autora do livro *Pensamento campeão,* um guia de psicologia do esporte baseado na terapia cognitivo-comportamental.

Clarice Medeiros

Psicóloga (UFRJ). Mestre em Teoria Psicanalítica (UFRJ). Especialista em Psicologia Clínica (PUC-RIO), com formação em Psicologia do Esporte (CEPPE). Doutoranda em Psicologia Clínica (PUC-RIO). Professora da Universidade Veiga de Almeida.

Cristina Carvalho de Melo

Profissional de Educação Física (UNI-BH). Coordenadora do Projeto Pilates (CEU/UFMG). Especialista em Gestão Estratégica de Projetos (UNA--BH). Mestranda em Estudos do Lazer (UFMG). Integrante do Laboratório de Psicologia do Esporte (UFMG).

Daniele Muniz de Lima Granja

Psicóloga (UFRJ). Especialista em Psicologia do Esporte pelo CRP-RJ e Mestre em Psicologia Social (UNIVERSO). Foi Psicóloga das categorias de base do futebol do Clube de Regatas do Flamengo de 2009 a 2015 e Psicóloga da Seleção Brasileira Junior de Nado Sincronizado de 2009 a 2013. Professora da IBMR Centro Universitário; Psicoterapeuta Cognitivo-Comportamental em consultório particular.

Erick Conde

Professor de Psicologia do Esporte na Universidade Federal Fluminense (UFF-PUCG). Mestre em Neuroimunologia e Doutor em Neurociências (UFF).

Franco Noce

Professor efetivo do Programa de Pós-graduação em Ciências do Esporte (PPGCE-UFMG). Coordenador do setor de psicologia do esporte do Centro de Treinamento Esportivo da UFMG. Membro do Managing Council da International Society of Sport Psychology (ISSP).

Manuela Lira

Psicóloga (UVA) com formação em Psicologia do Esporte (CEPPE) e experiência de estágio em Psicologia Esportiva com futsal (Club de Regatas Vasco da Gama), futebol (Cetraf) e power soccer (Instituto Novo Ser).

Mario Luiz C. Barroso

Jornalista (USP) e Educador Físico (UFSC). Especialista em Teoria e Metodologia do Treinamento em Voleibol (UGF). Mestre em Ciências do Movimento Humano (UDESC). Técnico da Seleção de Voleibol Feminino da UFSC (2002-2015). Professor colaborador no CDS-UFSC.

Paulo Ribeiro

Psicólogo do Esporte há 30 anos. Foi Psicólogo do Flamengo por 21 anos consecutivos. Professor da Universidade Veiga de Almeida. Mestrando em Psicologia Sócio-Cognitiva pela UERJ; LaNCE - Laboratório de Neuropsicologia Cognitiva e Esportiva.

Raphael Zaremba

Psicólogo, mestre e doutor em Psicologia pela PUC-Rio. Professor da PUC-Rio. Possui certificação internacional em *Coaching* pelo *InCoaching*. Ex-atleta, técnico de basquetebol e presidente da ONG VemSer. Atua, com larga experiência na formação de equipes, *Coaching* e palestras empresariais.

Renata Parente Garcia

Psicóloga (UFRJ), com especialização clínica em Gestalt-Terapia. Mestre em Psicologia Clínica (PUC-RJ). Psicóloga esportiva com 10 anos de experiência na área, com foco no trabalho em projetos sociais esportivos.

Sâmia Hallage

Psicóloga Clínica e Esportiva. Doutora em Psicologia pelo Instituto de Psicologia da USP. Coordenadora da equipe de Preparação Mental do Comitê Olímpico Brasileiro. Psicóloga de atletas olímpicos.

Thais Silva Rueda

Psicóloga (UVA), onde fez parte da equipe de Psicologia do Esporte do Serviço de Psicologia Aplicada durante dois anos, atuando com arbitragem, paraquedismo feminino militar e vôlei de praia.

Este livro foi composto em Utopia
e impresso em papel pólen soft 80 g/m²
para a Editora Pasavento em junho de 2017.